跟任何人聊得来

简单的沟通技巧

程庭亮◎编著

民主与建设出版社

图书在版编目（CIP）数据

跟任何人聊得来 / 程庭亮编著. —北京：民主与
建设出版社，2016.1

ISBN 978-7-5139-0943-3

Ⅰ.①跟… Ⅱ.①程… Ⅲ.①心理交往—通俗读物

Ⅳ.①C912.1-49

中国版本图书馆CIP数据核字（2015）第287321号

跟任何人聊得来
GEN RENHEREN LIAODELAI

出　版　人： 许久文
责任编辑： 李保华
策划编辑： 王可飞
出版发行： 民主与建设出版社有限责任公司
电　　话：（010）59419778　　59417745
社　　址： 北京市朝阳区阜通东大街融科望京中心B座601室
邮　　编： 100102
印　　刷： 北京中科印刷有限公司
版　　次： 2016年1月第1版　2019年6月第3次印刷
开　　本： 16
印　　张： 17.5
书　　号： ISBN 978-7-5139-0943-3
定　　价： 48.00元

注：如有印、装质量问题，请与出版社联系。

前言
聊得来，才能更出众

生活中，人们靠说话维系亲情、建立友情、追求爱情，从而使生活变得丰富多彩，充满了温馨；事业上，人们用说话强化和维护着各种关系，拓展了发展空间；个人成长中，人们用说话获取知识，充实并壮大自己，不断追寻和提升自己的人生目标。正如马雅可夫斯基所说的那样："语言是人的力量的统帅。"西方有位哲人也曾说过："世间有一种途径可以使人很快完成伟业，并获得世人的认可，那就是优秀的口才。"

由此可见，谈吐和口才在一定程度上往往可以影响到一个人的生存状况。会聊天的人总是能够在人际交往中事事如意，游刃有余，无论是在面对朋友、亲人、同事或商业伙伴的时候，总是能够左右逢源，成为最受欢迎，最讨人喜欢的人。

然而，尽管口才对人生如此重要，但是在现实的社交圈中，还是有许多人不擅言辞：无论在什么场合，他们总是一开口说话就紧张，一跟人聊天大脑就短路，一到该他们插话时就冷场。而且，他们既不会接话题，也不会夸奖人，求人办事更是怕被拒绝。另外，他们也没办法进入同事的聊天圈子，也猜不到上司话里的意思，更无法在谈判桌上占得先机……总之，一切跟聊天有关系的事情对于他们来说都是一道无解的难题。

因此，为了让广大读者朋友，尤其是视口才为难题的读者朋友们能够运用口才铸就完美人生，我们编著了《跟任何人聊得来》一书。本书在充分展示口才的巨大威力和价值的基础上，以丰富的事例深入浅出地阐述了练就卓越口才的基本途径，指导和帮助读者朋友掌握各个领域的说话艺术，练就高超的沟通技巧，提前迈入成功之途。其中内容既有理论概述，也有实践指导，条理清晰、通俗易懂。

　　你想成为职场上同事喜欢、领导赏识、对手佩服的那个人吗？你想成为家庭中，知道讨老人欢心、懂得逗爱人开心、能够让孩子视为朋友的那个人吗？你想成为朋友圈中一开口就惊艳全场、几分钟就能交到知心朋友的人吗？

　　相信此时的你已经被打动了。所以，赶紧跟那个只会讲过时笑话，只会点头附和、单调陈述的自己说拜拜吧！现在，赶快翻开这本书，跟着书里面说的做，你就可以成为跟任何人都聊得来的人，一开口聊就停不下来，到哪里都大受欢迎！

目录

跟任何人聊得来

Part4 幽默藏机锋，让你人气暴涨

Part5 不着痕迹说赞美，让你更受欢迎

Part6 掌握批评的艺术，让良药不再苦口

Part7　巧妙拒绝，别让不好意思害了你

Part8　这样求人，不难开口

Part12　巧言妙语，和谐家庭幸福多

Part1

一开口，就聊到对方心坎里

真正会聊天的人，一开口就可以说到对方心坎里。他们往往很有礼貌，微笑常常挂在脸上，同时也是很好的倾听者，在与别人交流时情绪更是控制得恰到好处。最重要的是，他们在与人聊天时，十分注意场合，面对不同的人，不同的场合，总是会采用最恰当的聊天方式，从而总是能收到更好的沟通效果。

用"您"打开话匣子

　　在社交场合，很多人在与刚刚认识的人聊天时常常会犯一个错误，那就是想要应即引起对方对自己的兴趣。于是他们就开始谈论一个又一个话题，希望这些话题里有一个能够让对方产生兴趣。殊不知，这样做有些本末倒置了。想让你的谈话取得良好的效果，就要在与人交谈时，选择对方感兴趣的话题。

　　当你谈论对方感兴趣的话题时，他们就会兴致勃勃，而且非常着迷，对你的好感也会油然而生。可是，或许有人对此会产生疑问："对于刚认识的人，我又不了解，怎么知道他感兴趣的话题是什么呢？"的确，如果聊天的对象是熟人、朋友甚至关系更亲近的密友，我们自然不愁找不到他们感兴趣的话题，但如果面对的是刚结识或交往不深的人确实很难做到这一点，这时候，告诉大家一个讨巧的方法，那就是，在你的辞典里删掉这样几个词——"我""我自己""我的"，然后把人类语言中最有力的一个词——"您"放进去，并开始频繁地使用它。比如说，你可以这样使用："这是给您做的""这将给您的家庭带来欢乐""如果您这样做，您将会从中受益无穷"，等等。

　　说到这，你是不是有所感悟了呢？对了，人们最感兴趣的话题大多都与自己有关的。所以，当你还没摸透对方喜好的时候，只要多说关于他们的话题就可以了。

所以说，当你能放弃谈论自己并积极使用"您"这个词的时候，你受欢迎的程度、办事的效率以及你的影响力和号召力都将大大提高。虽然要做到这一点是有难度的，而且需要不断地练习，但是一旦付诸实践，它给你带来的回报将会大大超乎你的预期。

另外，还有一种异曲同工的办法，那就是利用"人们关心自己"这一特点，让他们谈论他们自己。你可以尝试着这样提问：

"您在这家公司工作很长时间了吧？"

"您认为……怎么样？"

"您的家人好吗？"

"您的孩子近来好吗？"

……

当你抛出这些问题或话题时，就会惊喜地发现，对方的聊天热情一下子就会被调动起来，他们的话匣子会被瞬间打开，并开始积极与你分享他们在生活、工作中的喜怒哀乐。这时候，你不必有过多的回应，只需要在适当的时候"嗯"一声，或者问一句"是吗""真的吗"就可以了。一场谈话结束后，你会惊喜地发现，对方一定会夸赞你是一个会聊天的人，而且很可能把初相识的你拉进他的朋友圈。恭喜你，你的目的达到了。

由此可见，要与别人建立良好的关系，最好的方法就是把注意力集中在对方的兴趣上。如果你善于理解，几乎立刻就能弄清对方的兴趣所在。比如说，当你身处对方的家中或者办公室的时候，可以试着通过对方贴在墙上的图画、获得的奖品或纪念品，或者摆在书架上的书来弄清对方的业余爱好和兴趣。如果对方的兴趣是你所不懂的东西，就利用你们的交流了解一下。如果你也有同样的兴趣，相信你们一定会聊得很投机。

大多数人很难对其他人产生影响力或号召力，是由于他们总是忙于考虑自己，忙于谈论自己，忙于表现自己。但是，请记住这样一个事实：你是否对谈话感兴趣并不重要，重要的是你的听众是否对你的谈话感兴趣，除非你不想成为会聊天的人，除非你不想拥有和谐融洽的人际关系。

总之，要想成为一个跟所有人都聊得来的人，在与人交流时就应该留心围绕着"您"做文章，只有这样你才能得偿所愿。

说话得讲"礼"

在人性的特质中，礼貌几乎是唯一最具相互性的行为，你以礼待人——别人也会以礼回报你——这会使你觉得非常愉快，感觉自己受到了重视。

礼多人不怪，即使是微不足道的礼貌，也可以使对方感受到被尊重，正如爱默生曾在一部作品中写的那样："完整的荣誉和骑士精神，尽在礼貌之中。"

有一批耶鲁大学的应届毕业生，共有20个人。实习时，导师带他们到华盛顿的某个实验室里参观。大家坐在会议室里，等待着实验室主任胡里奥的到来。这时，胡里奥的秘书来给大家倒水，几乎所有同学都面无表情地看着她忙活，没有一个人说一句"谢谢"，甚至有个学生还大声说不想喝水，想喝杯冰咖啡。胡里奥的秘书有礼貌地回答道："真抱歉，咖啡刚刚用完。"结果那个学生不满意地撇了撇嘴。

当胡里奥的秘书走到一个叫比尔的同学面前给他倒水的时候，比尔轻声地说："谢谢，大热的天，辛苦您了！"

秘书抬头看了看他，眼里满是惊讶，虽然只是一句再普通不过的客气话，却让她感到了温暖，因为这是她当时听到的唯一一句感谢的话。

过了一会儿，胡里奥主任来了，他热情地跟大家打招呼。或许是因为他迟到了一小会儿，或许是因为大家等得有点不耐烦了，总之，当胡里奥跟大家打完招呼之后，实验室里静悄悄地竟没有一个人回应。比尔左看看右看看，犹豫不决地鼓了鼓掌，这时候其他人才反应过来跟着鼓起掌来，但掌声并不怎么热烈。

面对大家的冷场，胡里奥主任并没有在意："欢迎同学们到这里来参观。平时这些事一般都是由办公室负责的，因为我和你们的导师是老同学，非常要好，所以这次是我亲自给大家讲解有关的情况。同学们好像都没有带笔记本，这样吧，请秘书小姐帮我拿一些实验室印的纪念手册，送给同学们留作纪念吧。"

接下来，更尴尬的事情发生了。大家都坐在那里，非常随意地用一只手接过胡里奥主任双手递过来的纪念手册。

胡里奥主任的脸色有点变难看了，当走到比尔面前时，他似乎已经快要失去耐心了。就在这时，比尔非常礼貌地站起来，双手接过纪念手册，并恭恭敬敬地说了声："谢谢您！"

这时候胡里奥主任的脸色一下子变得明亮起来，他用手拍了拍比尔的肩膀问："你叫什么名字？"比尔回答后，胡里奥点头微笑着回到了自己的座位上。

早已汗颜的导师看到这里，才稍微松了口气。

一个月后，学生们即将毕业，导师开始为大家准备毕业推荐表。在比尔的推荐表上，赫然写着军事实验室。有几位成绩优异的学生觉得导师的推荐有些不公平，于是便去找导师理论："比尔的学习成绩最多算是中等，凭什么推荐他而不推荐我们呢？"

导师看了看他们笑着说："比尔是实验室那边点名要的。其实，原本你们拥有一样的机会，而且你们的成绩比他还好，但是除了学习之外，你们还欠缺一些东西，而比尔恰恰拥有你们所欠缺的东西。"学生们不解，忙问导师他们欠缺的是什么，导师继续微笑着说："礼貌，这就是你们欠缺的最重要的一课。"

在毕业典礼上，导师给全班学生留下了这样的临别赠言："礼貌是最容易做的事，也是最珍贵的事情。礼貌是良好修养中的美丽花朵，是通行四方的推荐书，是人类共处的得体服饰。礼貌无须花费一文，却能赢得很多。"

彬彬有礼是你开始与别人建立友善关系的基础，而且一定会使你给别人留下良好的第一印象。因此，即使面对陌生人，也一定要保持礼貌的态度，养成温文尔雅的好习惯，随时说声"请"和"谢谢"。

礼貌待人的道理许多人都清楚，但做起来却不一定轻松和完美，这是一个习惯问题。因此，想要成为一个在社交场中讨人喜欢的人，就要从平时的一点一滴做起，不断提高修养，培养自己的礼貌习惯。

微笑，是最美的语言

在一次电视才艺选秀比赛中，一位评委给一位长相普通的女孩打出了高分，并作出了这样的评价："她长得并不漂亮，单从五官来看也不算特别标准，但是我在台下看到她始终保持微笑。当面带微笑的时候，她的五官立刻活跃起来，呈现出一副美丽、动感、和谐的面容。"

接着，这个评委又评价了女孩的对手——另一位选手："跟刚才那位选手比起来，这位选手要漂亮许多，但是她的面部表情太生硬了，就像冰山一样，让人感觉不到一点生气。"

最后，面带微笑的女孩顺利晋级，而"冰美人"则被淘汰了。

这就是微笑的力量。微笑的确是一种很有魔力的表情，当唇角微翘，即使长相丑陋的人也会变得有了光彩。所以，说微笑是人类最美的表情一点也不为过，而当微笑出现在与人交谈的社交场合时，它就会变成最美丽的语言。

微笑是人们心灵沟通的钥匙，使人更显安详和友善。当一个人对你微笑的时候，你就能感觉到他心中的暖意，也能感受到他对你的善意和友好。相反，一个人若总是紧绷着脸，冷若冰霜，就会令人退避三舍。

微笑加深了人们之间的友谊，拉近了心与心的距离，让彼此多了一份宽容和理解。因为微笑，人们之间的隔阂才会消除，我们的生活才变得更美丽。

有人说，微笑是没有任何副作用的镇静剂，它能使暴怒的人瞬间平静下来，使惊慌失措、紧张不安的人立刻松弛下来，更重要的是它能放松心情、增加自信，使人顺利走出困境。

美国的联合航空公司保持着一项世界纪录，那就是在 1977 年载运旅客的数量位居世界第一。美国联合航空公司宣称，他们的天空是一个友善的天空、微笑的天空。的确如此，他们的微笑不仅仅在天上，而且从地面上便开始了。

一位叫珍妮的女孩去参加联合航空公司招聘。去之前，一些朋友都觉得她被录取的可能性不大，因为她长得既不是特别漂亮，家里也没有任何背景，当然没有能力去为她打点一些事情。所以，朋友们都劝她不要去碰钉子。但是珍妮并没有因此而灰心，她还是决定要试一试。

最终，出乎许多人的意料，珍妮被聘用了，而且原因很简单，因为她的微笑。

面试的时候，刚开始珍妮觉得很奇怪，因为主考官一直背对着她。当然，这位主考官并不是不懂礼貌，他之所以这样做是在体会珍妮的微笑，因为珍妮应聘的是有关预约、取消、更换或者确定飞机航行班次的工作。

当面试结束后，这位主考官微笑着对珍妮说："珍妮小姐，你被录用了，你最大的资本就是脸上的微笑，你要在将来的工作中充分地运用它，让每一位顾客都能从电话中感受到你的微笑。"

事实证明，珍妮非常胜任这份工作。虽然顾客们没有机会看到她的微笑，但通过电话他们都感觉到了她的微笑一直伴随着他们。

试想一下，一家连最普通的接线员都具有如此高职业素养的航空公司，又怎么能不创造骄人的业绩呢？！

　　微笑是一种由内心生出，绝对真诚的笑。一家世界五百强公司的人事经理曾说过这样一句话："一个拥有纯真微笑的小学毕业生，比一个脸孔冷漠的哲学博士更有用，因为微笑是对工作人员的基本要求，也是公司最有效的商标，比任何广告都有力，只有它能深入人心。"

　　一个真诚的微笑，并不花费什么，却可以创造许多奇迹：它可以丰富那些接受它的人，同时又不会使给予的人失去任何东西；它产生于一刹那间，却会给人留下深刻甚至永久的记忆；它可以创造家庭的快乐，建立人与人之间的好感；它是疲倦者的休息室，沮丧者的兴奋剂，也是悲哀者的阳光。在与人交往时，一个浅浅的微笑有时候会胜过千言万语，会立刻让你与对方的沟通变得轻松愉快起来。

　　通过微笑，可以把快乐带给别人，这是融洽人际关系的最基本要求。微笑可以强化有声语言沟通的能力，增强交际效果；微笑可以消除对方的不满情绪，能让原本濒临破碎的关系得以修复。

　　1799 年，拿破仑在意大利战场取得了全面胜利之后凯旋回国。从那之后，他迅速成为巴黎社交界的宠儿，身价倍涨，成为众多贵夫人追逐青睐的对象。其中有一位斯达尔夫人，连续几个月一直在给拿破仑写信，想要与他结识，但拿破仑对这种交际并不太感兴趣，所以一直没给她回复。

　　一天晚上，在一个社交舞会上，头上缠着宽大的包头布，手上拿着桂枝的斯达尔夫人穿过人群，迎面向拿破仑走来。当斯达尔夫人将手中的桂枝递给拿破仑的时候，他并没有接受，而是微笑着说："应该把这桂枝留给缪斯（即文艺之神）。"斯达尔夫人似乎没有意识到这是拿破仑的拒绝，她认为这是一句俏皮话，因此她继续没话找话地与拿破仑攀谈，拿破仑出于礼貌也不好生硬地中断谈话。

　　"将军，您最喜欢的女人是哪一位呢？"

"是我的妻子。"

"那您最器重的女人又是哪一位呢？"

"是最会料理家务的女人。"

"那么，您认为谁是女中豪杰呢？"

"是生孩子最多的女人，夫人。"

他们的谈话越来越无趣。在这期间，拿破仑始终面带着微笑。因此，面对拿破仑的拒绝斯达尔夫人虽然有些不高兴，但也无可奈何，最后只得作罢。

在这里，微笑变身成为了一种拒绝的方法，它的优点在于，可以避免引起对方的不满，也由此避免了双方的激烈对抗，使矛盾得以缓和。

总之，微笑作为一种表情，不仅是形象的外在表现，也往往反映了人的内在精神状态。一个奋发进取、乐观向上的人，一个对生活、对工作充满热情的人，总是微笑着走向生活走向社会的。所以，把自己的迷人微笑展现给全世界吧，你对世界微笑，世界也会报你以微笑，你也将感受到世间的更多美好！

学会倾听，和别人才能聊得来

人际交往中，相比那些总是自顾自滔滔不绝、口若悬河的人，善于倾听的人总是会受到更多人的认可和欢迎。倾听，不仅仅是在表达对别人的尊重，同时也在表达一种对别人的赞美。无论谈话的对象是亲人、朋友还是上司、下属，倾听的功效都是同样的。因为人们总是更关注自己的问题和兴趣，所以，当有人表现出愿意倾听的样子时，立刻就会博得人们的好感。

在小说《傲慢与偏见》中，丽萃在一次茶会上很专注地听一位刚从非洲旅行回来的先生讲他在非洲的见闻，虽然从始至终她几乎没怎么说话，但在茶会结束时，那位男士却对大家说："丽萃是一个多么擅长言谈的姑娘啊！"看，这就是倾听的魅力所在。它能让你更快交到朋友，更快得到朋友的认可和喜欢。

当然，倾听不仅仅只有这些功效，在处理一些工作中比较棘手的问题时，倾听也会起到很大的作用。

一天，保险公司来了一位先生。走到办公区找到卖给自己保险的推销员之后，他便开始大声地叫嚷起来："你们公司就是一家骗子公司，你就是一个骗子推销员。我在你们这里买了保险，现在出现了问题，你们却说不能赔付保险金，我要把你们告上法庭！"年轻的推销员急忙解释，可是越解释那位先生越激动，言辞也更加不客气，推销员被这样无理地谩骂，也有些生气了，于是两个人之间的火药味越来越浓，好像马上就要吵起来了。

这时候，保险经理闻声从办公室走了过来，他对那位情绪激动的先生说："你好先生，我是这个部门的经理，有什么需要解决的问题请您到办公室来吧，我们坐下来好好谈一谈。"那位顾客一听，就跟着他进了办公室。大概二十分钟之后，经理和那位顾客一起从办公室走了出来。刚才还暴跳如雷的那位顾客，此刻却怒气全无，最后还握着经理的手说了声"谢谢"。

同事们都很诧异，经理是如何让这头雄狮停止了咆哮的。原来，走进办公室之后，经理便开始让那位顾客说说事情的经过，在顾客大约15分钟的讲述里，经理只是偶尔附和了几声，其他的什么都没说。而当那位顾客说到一半的时候，气已经消得并不多了，情绪已经明显好转，到最后他似乎已经能够接受事实了。这时候，经理觉得时机成熟了，便开始向他解释了公司之所以这样做的原因，当然他的解释得到了那位顾客的认可。经理之所以选择这个时机，是因为他知道，经过刚才的宣泄，那位顾客的情绪已经得到了控制，并且能够理智地面对问题了。

倾听是了解别人的重要途径，也是狄得良好人际关系的重要方法，因此，为了获得良好的沟通效果，我们有必要了解一下倾听的艺术。每个人都可以通过耐心的练习来发展这项能力，一般要注意以下几个方面：

1. 要有诚意

做为一个"听众"，总是会消耗一些时间和精力，如果你是真的没有时间去倾听，那么可以直接说出来，不要勉强或者装着去听，因为这样很可能会让对方觉察出你在"开小差"，从而适得其反，不仅无法获得对方的好感，还会因此得罪对方。因此，如果要听就要带着诚意去听，这样才

能让对方感受到你对他的尊重，也才能更大程度地获得对方的好感，从而促进人际关系的发展。

2. 要有耐心

人需要倾诉的时候，大多是心情不好的时候，所以讲述的内容可能会比较零散或混乱，观点或逻辑性也可能稍差，这时候要有耐心，鼓励对方把话说完整。另外，有时候倾诉者对人对事的一些观点和看法有可能会和我们不相同，这时候也需要耐心，应该试着去理解对方的心情和情绪。总之，倾听时耐心是很重要的一个条件，只有耐心把对方的话听完，才能达到倾听的目的。

3. 适当作出反馈

倾诉者都希望自己的诉说能够得到对方的积极响应，同时得到理解和支持，因此在倾听的过程中，要适当地插一些简短的语言，或者用点头和微笑来告诉对方你在认真倾听。当然，如果遇到没听懂的地方，也要积极给予响应，用简短的语言表达一下，比如"你刚才的意思是……"。总之，适当作出反馈，会让倾听的效果更好。

4. 避免一些不良习惯

思想不集中，随意打断对方的倾诉，借机把话题引到与自己相关或自己感兴趣的话题上，或者对对方的观点想法进行打击和反对，这些都是非常不尊重对方的表现，在倾听时一定要避免。

上帝给我们两只耳朵，一张嘴，就是要让我们少说多听。倾听是一门艺术，是尊重别人的表现，是搞好人际关系的需要。要学会有效沟通，成为一个跟任何人都聊得来的人，就必须首先学会倾听。

掌控情绪，不争不气更显魅力

我们应该努力控制自己的语言，遇事先自我反省，而不是发牢骚、耍脾气。生活中，工作中，什么样的人都会遇到，所以有时候争吵、生气、发牢骚也都是在所难免的。这时候，如果不关乎原则问题，切忌与对方争辩，如果时时处处总是想要与别人争个输赢，那么在人际关系中，你将永远会是一个失败者。

李超是一家销售公司的员工，精明能干的他经常帮助经理制定销售计划，自己的销售业绩在所有的员工中也一直名列前茅。但是，李超与同事的关系却有些不太融洽，原因就是他经常发脾气。

其实，李超心情好的时候，跟同事还是能在一起说说笑笑的。可是如果哪位同事没照顾到他的情绪，无心说了句什么话，他很可能就会莫名其妙地板起脸转身就走，或者毫不留情地把同事们数落一番。时间一长，同事们都开始渐渐疏远他，不愿再和他打交道了。

后来，李超在一次与公司重要客户的商谈中发了脾气，原因是客户说了一句对他的销售方案表示不认可的话，最终客户因为他的态度终止了与公司的合作。事后，公司经理经过认真的考虑，决定辞退李超。李超很不服气，去找经理理论，他觉得自己的业绩一直很好，公司没有理由辞退他。可是经理却并不这么认为，经理说："你的销售能力很强，这一点我

并不否认，但是在与同事的关系上你却处理得非常不得当。你自己想一想，现在公司上上下下哪有一个人你没得罪过，谁又愿意跟你一起合作项目。我们这是一个集体，需要的是团队的融洽，这样才能发挥出更大的能量。所以，经过慎重考虑，我们不得不做出辞退你的决定。"

最后，李超只得黯然离开了公司。

冲动是魔鬼，它很可能让你最终陷入孤立无援的境地。一般来说，发脾气是人们对客观事物不满而产生的一种情绪反应，是由外在的各种刺激所引起的。但是，我们不能因此就把过错都推到别人身上，更不能随便对别人发脾气、发牢骚。因为发脾气既伤害自己又伤害对方，常常发无名之火更是缺乏修养、心胸狭窄或情绪不健康的表现，应当努力克服和避免。另外，我们应该学会控制自己，遇事先自我反省，而不是发牢骚、耍脾气。

这一天，苏西开着她的黑色帕萨特到小区的地下车库停车时，发现一辆白色的丰田车停在她的车位旁边，而且离她的车位特别近。

"为什么总是挤着我的车位？"苏西生气地想，并且朝白色丰田车的车门狠狠地踢了一脚，车门上立刻留下了一个清晰的脚印。

第二天傍晚在停车场，当苏西正想关掉发动机时，那辆白色丰田也正好开了进来，驾车人像以往一样把车紧紧贴靠在她的车旁。

苏西这几天正在感冒，头疼得厉害，这一天下班前又被经理批评了一顿，一肚子气正愁没处发泄呢。于是，她怒目圆睁，恶狠狠地对着丰田车里的人大声喊道："喂，你眼睛是不是出了问题，有你这样停车的吗？"

丰田车的主人是个小伙子，听到苏西这么说，他也有点生气："这地方我交了钱，我想把车停在哪里就停在哪里，你管得着吗！对了，上次我车上的那个脚印是你踢的吧，以后少干这种缺德事。不然，你的车上会留下更多的脚印！"

听到这些张狂的话，苏西恨得牙根痒痒，心想："我得让你尝尝我的厉害！"

第二天，苏西回到家时，白色丰田还没回来，她立即把车子紧挨着对方的车位停下来，没给对方留一点周旋的余地。

接下来的几天，白色丰田车每天都先于苏西回来。显然，白色丰田的车主暗地里和她较着劲。

一段时间之后，苏西觉得这样下去也不是办法，自己的生活和心情都受到了很大的影响。思来想去，苏西想到了一个解决的办法。

一天早晨，当白色丰田的主人来到车旁准备开车时，发现挡风玻璃上放着一个信封。他拆开了信封，只见信中写道："亲爱的白色丰田，真是非常抱歉！那天，我家的女主人向你家主人大喊大叫，还曾对你有过不文明的行为，现在她正为自己的粗暴行为深感后悔。其实，我家主人并不坏，只是脾气躁了点，因为那天她刚被领导猛批了一顿，心情很糟糕，因此，给你和你的主人带来了伤害。在此，我希望你和你的主人能够原谅她——你的邻居黑色帕萨特。"

第二天早晨，当苏西准备打开车门时，发现挡风玻璃上也放着一封信。苏西赶紧拆开信读道："亲爱的黑色帕萨特，我家主人这段时间失业了，因此心情郁闷，而且他是刚刚学会驾驶，所以总是不能把我准确地停在我的位置上。我家主人很高兴看到你写的信，我相信他也会成为你的好朋友——你的邻居白色丰田。"

从那以后，每当黑色帕萨特和白色丰田相遇时，他们的主人都会愉快地向对方打招呼。

在生活中，发生争执并不可怕，重要的是我们应该怎样化解争执，这就要求我们学会控制自己的情绪。善于控制情绪，不让情绪的火山爆发，就不会发生争执。如果争执已经发生，我们就要学会反省自己，找到自身的缺点，并加以改正，否则不仅不能解决争执、化解矛盾，反而会加深彼此的怨恨。那么，怎样才能改掉乱发脾气的毛病呢？

首先，在生活、工作中，我们要有宽容、豁达的胸怀，要学会忍耐，这样才能使自己有一个清醒的头脑，从而更容易解决问题；其次，在对方生气时，我们要做到"我不气"。如果我们能以微笑来面对怒火万丈的对方，那么对方就会"不战而败"。微笑能轻而易举地浇灭对方的"怒火"，何乐而不为呢？然后，当和别人起了争执时，要尽快处理，不要过于固执己见，更不要轻易发怒。即使自己有理，也要多给对方一些赞美和肯定，这些对化解争执、解决问题都是非常有利的。

在生活中，很多人都有过受累于情绪的经历，于是便有人开始频频抱怨生活对自己不公平，抱怨周围的人故意与自己作对。在这种负面情绪的侵扰下，他们常常会板起面孔对待他人，或者想办法刁难他人。其实，想让自己生活中没有一点烦心之事是不可能的，关键是我们要有效地控制自己的情绪，做情绪的主人。

切忌信口开河，聊天得看场合

学校为两个退休教师举办了一场欢送会。其中一位教师是毕业于某名牌大学中文系、孜孜不倦地工作了几十年的李老师，另一位是曾多次荣获"先进教师"称号的张老师。参会的校领导和同事对两位教师的工作和为人都做了非常得体的总结和评价，但相比之下，大家对得过多次"先进"的张老师的赞美似乎更多一些。随后，李老师和张老师分别进行答谢致词，他们都对大家的赞扬表达了溢于言表的感谢，会场的气氛温馨而感人。

原本，欢送会进行到这里是朝着圆满的结局而去的。但是，李老师在最后致词时似乎还有些意犹未尽，或许是因为大家对张老师的夸奖触动了他的伤感和遗憾，于是他做了欠妥的发言："说到先进，我感到非常遗憾，我从来没得过一次……"

听李老师说到这里，一位与他相处不是很融洽的年轻教师立刻打断了他的话说道："是啊，这事是我们做得不好，凭您的能力和资历是完全够资格当先进的，这不怪您，怪只怪我们一次也没有提您的名啊！"年轻教师的话很明显是在挖苦李老师，他的话一出口，会场一下了充满了令人不快的尴尬气氛。

副校长见势不妙，立刻接过话头，试图缓和一下现场的气氛。但是他的话似乎一点这样的效果都没达到。他一直在反复劝慰李老师，让他不要再在意"先进"的问题，还说没评过并不代表不先进，先进仅是虚名而已，

相比之下，更应该看重事实。副校长的这番话，完全是对本该避而不谈的话题进行了重复和引申，结果使本就尴尬的气氛变得更为尴尬。

这是一个生活中的真实故事，这个故事可以使我们得出几点教训：

首先，李老师不应该做没有意义的比照。比照是谈话中常用的一种方法，如果用得好，可以产生某种积极的效果，但运用比照却要分场合。在退休欢送会这种场合，一般应该说些富有情感的得体的人情话。而完全没必要别人的长处与自己的短处进行比较，从而使自己感到不快，也让原本和谐的谈话气氛变得尴尬。

其次，年轻教师不应该在前辈伤感之时去火上浇油。在自己的同事、前辈将要退休的时候，虽然与他有过摩擦，但在欢送会这种温馨的场合，不应该趁其失言之机就抓住不放，为了一时痛快而说出一些不近人情的刻薄话。这既是对同事的不尊重，也暴露了自己心胸狭窄的一面，从而给其他同事和领导留下不好的印象。不管怎样，欢送会体现的就是一个"欢"字，要尽可能给别人多留一点美好的回忆。

最后，副校长不应该再去碰触敏感话题。原本，在那位年轻教师说了不该说的话而使现场气氛变得尴尬的时候，他应该岔开话题，把话题引到欢送会的主题上，使会场的气氛重新变得欢快，并顺势掀起新的高潮，这样大家就可以忘掉之前的尴尬。可是他却依就把话题集中在那个是否当过先进的敏感话题上，结果不仅没能缓解气氛，反而暴露了自己作为领导不能把控场面的缺点。

由此可见，说话要注意场合，不看场合，随心所欲，信口开河，想到什么说什么，这是"不会说话"的人一种拙劣的表现。因此，在不同的场合，面对着不同的人，不同的事，从不同的目的出发，就应该说不同的话，用不同的方式说话，这样才能收到理想的沟通效果。

Part2
好话配好鞍，让语言更有力量

　　俗话说，有理不在声高，要想让语言更有力量，并不是声音越高越有利，与之相反，温和的语气反而更能让人信服。另外，态度真诚一些，语言风雅一些、朴素一些，语言的力量会更加突显。

温和的语气更能征服人

在陌生的场合，遇到不高兴的人和事时，我们是应该表示极端的愤怒，用咄咄逼人的语气向对方抗议，还是应该用温和的语气解决问题？毫无疑问，当然是后者的效果更加理想。

某机场里，飞机起飞前，一位乘客要求空姐倒一杯水给自己吃药。那位空姐非常礼貌地说："先生，为了您的安全，请稍等片刻，等飞机进入平稳飞行后，我会立刻把水给您送过来，好吗？"

10分钟后，飞机已经进入平稳的飞行状态。突然，乘客服务铃急促地响起来，那位空姐猛然意识到：糟糕，因为太忙，自己忘记给那位乘客倒水吃药了！

当空姐来到客舱时，看到按响服务铃的果然是那位要水的乘客。她小心翼翼地把水端到那位乘客的面前，并且面带微笑地说："先生，实在对不起，由于我的疏忽，延误了您吃药的时间，对此我表示我深深的歉意。"

那位乘客似乎并不打算就此罢休，他抬起左手，指着自己的手表说："怎么回事，有你这样为乘客服务的吗？你自己看看，都过了多长时间了？"

空姐双手端着水杯，心里感到非常委屈，但是她并没有因为乘客的责怪而离开。她依然面带微笑，用温和的语气向乘客耐心地解释着，但那位挑剔的乘客就是不肯原谅她的疏忽。

在接下来的飞行中，为了弥补自己的过失，那位空姐每次去客舱为乘客服务时，都会特意走到那位乘客面前，面带微笑地询问他是否需要水，或者别的什么帮助。然而，那位乘客余怒未消，摆出一副很不合作的样子，并丝毫也不理会空姐。

到达目的地前，那位乘客要求空姐把意见簿给他送过去。很显然，他要投诉那位空姐。

这时候，面对乘客的恶劣态度，空姐仍然保持微笑。她不但没有说任何抱怨的话，而且非常有礼貌地说："先生，请允许我再次向您表示真诚的歉意，无论您提出什么意见，我都将欣然接受您的批评！"

那位乘客的脸色逐渐变得温和了，想说些什么，但却没有开口，他接过意见簿，开始在本子上写起来。

等到飞机安全降落，所有的乘客陆续离开后，空姐打开了意见簿。她本以为那位乘客一定写了很多对自己服务态度的不满，但当打开意见簿后却惊奇地发现，他在本子上留下的不是指责，而是赞扬。

在留言中，空姐读到这样一句话："在我的旅途中，你表现出的真诚的歉意，特别是你的十二次微笑，深深地打动了我，使我最终决定将投诉信写成表扬信！你的服务质量很高，下次如果还有机会的话，我还将乘坐你们的航班！"

在现实生活中，能做到遇事冷静不是一件容易的事，能在陌生人的百般挑剔下依然用温和的语言和微笑对待对方更不容易，但是那位空姐做到了，因此她受到乘客的表扬自然也是顺理成章的了。由此可见，在公共场合，特别是在别人情绪失控，说出一些不礼貌的话时，我们仍然应该控制好自己的情绪，就像那位空姐一样。如果她也对那位旅客发脾气，那么一场争论就无法避免了，而争论的结果肯定对双方都没有好处。由此可见，有时候，温和的语气比咄咄逼人更容易得到别人的理解和认同。

人情话，绝不能省略

在日常生活中，有一些人说话总是太过随意，不分场合地口若悬河，但是对那些该说的话却极为吝啬。比如朋友在一起时间长了，互相都会帮个忙，得到帮助的人总要递上一句暖心的话："张哥，昨天的事劳你费心了，谢谢。""老王，上次的事多亏你了，客气的话就不跟你说了，这份情兄弟会记着的。"虽然话不多，但心意足够，这样一说，对方至少可以感觉到自己的好意被领受了，心里也会是暖暖的。可是，如果在得到别人的帮助之后什么话也不说，反而认为这是别人应该做的，那么即使是关系非常亲近的人也会因此产生埋怨。

刘海大学毕业后考上了公务员，妻子是大学同学，毕业后他们就结婚了。结婚时他们曾到妻子的叔叔家做客，妻子的叔叔对他这个侄女婿的印象不错。妻子的叔叔是一家公司的总经理，事业有成，在当地社交圈中也算中很有能力的人物。

刘海和妻子结婚后也会偶尔去叔叔家做客，叔叔认为刘海为人稳定踏实，所以很欣赏他，每次见面时都非常热情，对他的工作和生活也都十分关心。

不过，最近一段时间，刘海却发现叔叔对待他的态度发生了很大变化。以往去叔叔家做客，叔叔婶婶都很热情，可是最近几次却明显有些应付的意思。刘海有点想不明白，于是便去问岳母，岳母一语道破了其中原因。原来，前一段时间，叔叔通过自己的关系帮助刘海调动了工作，新工作是一个更有发展前途的部门。原本，这是一件亲戚间互相帮助的事情，叔叔也没指望刘海能对他有什么表示感谢的举动，可是当事前事后刘海连一句谢谢的话都没说的时候，叔叔还是有些不高兴了。而在刘海看来，帮助自己调动工作这件事对叔叔来说就是举手之劳，而且相互之间又是亲戚，如果说客气话就会显得疏远。所以，他就什么也没说。

岳母又说，其实叔叔也并不是想让刘海多么感谢他，帮助他也是理所应当的，但是，即使是亲戚之间，相互之间也应该有起码的礼貌。刘海这时候才意识到自己做了错事，赶紧跟着妻子一起去叔叔家谢罪了。

刘海正是忽视了人情话的重要作用，想当然地认为这种感激不用挂在嘴上，然而这么想却大错特错了。正所谓话不说不明，锣不敲不响，即使你心存感激，但嘴上不说出来，还是多少会让对方心里有些别扭的。

现实生活中，会聊天的人身边总会围绕很多乐于帮助自己的朋友、亲戚和同事，因为他们在受人帮助或恩惠后，总会做出及时而到位的表达，告诉对方好意已被接受了，所以，他们总能得到更多的帮助。这种好习惯，你也要好好学一下对对。

1. 培养对人用敬语的习惯

一般称呼对方用"您""同志"；对长辈用"先生""大爷"；对少年儿童用"小朋友""小同学"等。

2. 注意说话的空间和时间

如果是长辈、上司，谈话的距离要远近适当，太远太近都有失礼貌；谈话的时间不宜过长、过多，说话只说一半就不说了，都是不礼貌的；男女同事之间的谈话距离不应太近。

3. 说话时多用商量和请求的语气

比如"请倒杯水好吗""请您一定光顾""希望您能理解和支持"等，这种语气和词语使人更易接受。

真诚，最能打动人心

无数事实证明，会聊天的人的魅力并不在于把话说得多么流畅、多么动听，而在于是否善于表达真诚。如果你能用得体的话语表达出你的真诚，你就能赢得对方的信任，对方也可能因信任你而喜欢你说的话，从而喜欢你的一切。

有一位教师写了一本关于"思想教育"的书，出版社不但没有付给他稿费，还让他自己卖出 800 册作为报酬。卖书对这位教师来说，远比上一节课难得多。

为了能卖出自己的书，这位教师在学校里组织了一次讲座，他对大家说道："作为一位教师，在这样的场合推销自己的书感到非常尴尬。但是，当今的作者也很难，不但要写书，还得自己卖书。出版社让我自己卖出 800 册书作为稿酬，所以我不自己推销不行啊！这本书写得如何，我自己不好评论，但有两点我能做出保证：第一，这本书是我用两年时间完成的，是我心血的结晶；第二，书的内容决不是拼凑抄袭的，是我几年来教育经验的总结和思考。不久前，我的这本书被思想教育研究会评为社科图书的二等奖，这是我的获奖证书。说心里话，对我们这些教书匠来说，推销比写书更难，我只能硬着头皮请大家帮个忙。不过，买书与否大家可以自愿，帮不帮这个忙我绝不勉强。如果你觉得这本书对你有一点儿帮助，你又有买这本书的财力，就帮我这个忙，在此先谢谢各位了！"

教师的演讲收到了良好的效果，不一会就卖掉了 500 多册。他不是受过专业训练的推销员，却取得了一定的成功。从某种意义上说，他的成功就在于他恰到好处地表达了自己的真诚，因而获得了听众的信任。

"化妆品女皇"玫琳·凯曾有过这样一次经历：用她的真诚挽救了一个女孩的生命。

一天，玫琳·凯在海边散步。她看到了一个脸上挂满泪痕的女孩坐在那里，充满了忧郁和哀怨。于是，她着走到女孩面前，关切地问："您好，我叫玫琳，能跟你说几句话吗？"女孩子不愿意理她，依然独自感受着落寞。玫琳·凯接着温柔地说："虽然你的心情非常糟糕，显得有些忧郁，但你依然那么美丽。是什么事情令你如此伤心痛苦，能告诉我吗？"

女孩沉思了片刻后，开始向玫琳·凯倾诉起来。在倾听的过程中，玫琳·凯给予的是专注的倾听、适时的点头和真诚的眼神。玫琳·凯的认真和专注使女孩感受到了一种理解和真诚。女孩告诉她说，今天自己来到海边，本是想结束生命的，因为她爱的那个人事业有成后抛弃了她。

玫琳·凯听后，不仅为女孩感到伤心，而且气愤地痛骂那个男人有眼无珠。最后，她真诚地鼓励女孩说："你放心吧，天下的好男人多得是，你一定能找到一个有责任心的男人。你长得这么漂亮，作为一个女人我都非常喜欢你。因此，你一定要坚强地站起来。"女孩非常感激地对玫琳·凯说："从来没有人跟我说过这么多的话，直到今天我才真正看清了自己。我相信，生活一定是美好的。"

玫琳·凯深知，每个人都希望获得别人真诚的关心、尊重和理解。会聊天的人更应该懂得真诚的无穷魅力，往往一句真诚的话语，说出来虽然只有短短的几分钟，但却能影响他人的一天、一年甚至一生。

在日常交往中，基本的原则是既要达到自己的目的，又要坚持应有的原则，使对方理解我们的行为，从而收到预期的效果。我们不但要晓之以理，而且要动之以情，因为真情与真诚同样拥有令你难以想象的力量。

有这样一句话："不看你说的是什么，只看你怎么说的。"同样的一个意思，不同的人有不同的说法，不同的说法会产生不同的效果。与人打交道时，不管是因为什么习惯，我们都要本着"诚""情"二字待人，否则就有可能伤害到别人的自尊，还有可能会引起对方的反感而使事情无法得到解决。因此，与人谈话时，我们要把握一点，即与人为善，特别是在自己处境不利时，如果把自己真实的思想和感情直接向对方表达出来，对方也有可能动以真心、施以真诚。因此可以说，以诚感人、以情动人，是使语言魅力最大化的技巧之一。

美国小说家韦拉凯瑟说："真诚是每个艺术家的秘诀，而每位演说家都应该是一位艺术家。这是一个公开的秘诀，十分有效，这如同英雄的本领一样，是不能拿假武器去冒充的。"这句话的意思是说，要用真诚的语言打动人心，使其感动。在一些特殊的场合，如果一个人真诚地流露出自己的感情，往往能打动对方，从而打破僵局。

聊天时，含蓄一点更风雅

做人，"含蓄不露，便是好处"，"用意十分，下语三分，可见风雅；下语六分，可追李杜；下语十分，晚唐之作也"。其实，这也是做人的一个诀窍，做人不能太露，太露了就是"晚唐之作"，并不可取。含蓄是一种大气、一种教养、一种风度，真正的处世高手都是含蓄的，都是懂得明明占理十分，只说三分，总是记得"得理也让人"的。

含蓄不是技巧，而是一种做人的准则。含蓄的魅力在于"藏"，就像一幅美妙的山水画。含蓄的人并不掩盖自己的本来面目，而是在生活中留有余地，从不赤裸裸地表现自己，也从不直截了当地要求别人。

在生活中，那些热衷于"推销"自己的人即使办了一点实事，也只是肤浅地流于形式。因为他们只会给人留下"夸夸其谈"的印象，不可能在人们心中树立起威信。相反地，有的人没有"雷声"，却下起了"绵绵细雨"，悄悄滋润着人们的心田。这种人的处世态度就是以含蓄为贵，注重实际，不做口头文章，因而威信自立。

某局长想从下属里提拔一名秘书作为助手辅佐自己，局里合适的对象有两个：一个是小赵，一个是陈。小赵得知消息后，便开始拉张三结李四地鼓吹自己多么地有政治远见、有谋略、有能力，能够改变单位的现状，并在总结会上大肆鼓吹自己的成绩。总之，他是竭力显示自己，以引起局长的重视和注意。岂料，局长用一句"像你这样能力太强的人，局里用不起"就把他打发了。当局长找小陈谈心时，小陈只是含蓄地说了一句"在我没有做好之前，不敢随便许诺"的话就赢得了局长的赏识，局长认为他讲实际、求实效，而小赵却野心勃勃、浮躁炫耀。最终，局长选择了小陈作为自己的助用。

从这个故事可以得出这样一个结论，那就是，有时候费尽心思地想达到目的，倒不如顺其自然。

因此，说话时我们应该懂得"含蓄"，面对各种考验沉着冷静地进行思考，不要轻易发表自己不成熟的见解，看人看事不能肤浅片面。当然，这并不是让你坐等机会溜走而不去争取，而是让你采取正确的方式。面对竞争残酷的社会，当你热衷于"推销自我"的时候，别忘了"含蓄"做人或许更能成就大业。

在社交中，含蓄稳重要比锋芒毕露更得人心，要时刻牢记"枪打出头鸟""言多必失"的道理。

朴素的语言更有力量

与人聊天时，我们都想更好地表达自己的真情实感，以期让对方产生
共鸣，以此来创造一个和谐温馨的聊天氛围，以促进彼此的友情。那么，
有什么方法可以达到这个目的呢？很多人为此很是苦恼，尤其是不擅长与
人交流的人更是如此。其实，有一种方法可以很好地解决这个问题，而且
操作起来非常简单，那就是在交流是运用朴素的语言。

诚然，有时候在语言中加一些修饰似乎能让语言更有魅力，但并不是
所有的场合都适合使用这种精巧的语言。更多时候，朴素的语言更能表达
朴素的情感，而最让人感动的往往是朴素中蕴藏着的真情。

林肯是美国历史上最知名的总统之一，他的语言风格就是朴素而优美
的。有人曾这样评价他写的散文：“竟像音乐一样的悦耳。”

众所周知，林肯的父亲是一个普通的木匠，他的母亲也只是一个普通的
家庭妇女，而且他受的教育也是不完全的，这一点在他被选为国会议员之后
也曾亲自承认过。那么，这样一个出身普通，只上了一年学的人，是怎样一
步步当上美国总统的呢？要知道，竞选美国总统是需要拥有完美口才的。

林肯当然是有老师的，那是一位在肯塔基州森林地带巡游的村儒学究，
他曾在无意间给了林肯很大的帮助，使他的语言天分获得了长足的进步。他
曾这样说过——要不是青年时代环境太恶劣，林肯的成就会更大一些。

在成为美国总统之前，在一次竞选中，曾有人问林肯：请问议员先

生，您有多少财产？在场的人对些都很好奇，大家都以为林肯会给出一个
多少万美元的答案。可是林肯的答案却出乎了所有人的意料，只见他掰着
手指头说道："我有一个妻子，一个儿子，都是无价之宝。另外我还租了
一间大办公室，里面有一张桌子，三把椅子，墙角还有一个书架，架上的
书值得每个人一读。我本人又高又瘦，脸蛋很长，不会发福。我实在没有
什么可依靠的，唯一可依靠的财产就是——你们。"林肯朴素的语言赢得
了全场的掌声，当然也赢得了大家的拥戴。

　　朴素就是一种极致的美。许多人都曾去过北京的世界公园，广州世界
大观园，这些过刻意装饰的景色令人有耳目一新的感觉，但是，看久了难
免会让人生出一种不真实的感觉，甚至有些夸张。就像居住在城里的人，
总是向往去乡间田野度过一段美好的时光一样，人们有时候对朴素的东西
总是怀有一种与生俱来的向往。

　　与此相通的，如果我们的语言里总是堆满成语、佳句、美词，时间
长了会给你一种什么感觉呢？恐怕会有点"反胃"。其实，真正感动人的
作品大多是质朴的，其中比较有代表性的是朱自清先生的《背影》。在这
篇散文里，没有任何修饰的语言，只有最真实的描写："父亲是个胖子，
走过去自然要费事些……我看见他……蹒跚地走到铁道边，慢慢探身下
去……用两手攀着上面，两脚再向上缩；他肥胖的身子向左微倾，显出努
力的样子。这时我看见他的背影，我的泪很快地流了下来。我赶紧拭干了泪，
怕他看见，也怕别人看见……等他的背影混入来来往往的人里，再找不着
了，我便进来坐下，我的眼泪又来了。"相信每一个读到这篇文章的人都
会被深深地感动。因为里面朴素的语言透露着真实和亲切。

　　所以说，有时候，如果你想要打动别人，让自己的语言更有力量，那
么就使用最朴素的语言吧。

说话带刺容易伤到自己

每个人都没有权力去伤害别人的自尊，无论身份高低贵贱。但是现实生活中，总有一些人，一旦站在了弱者面前就以为自己拥有这种权利，总是忍不住开始对别人指手画脚，甚至呵斥羞辱。这种人，除了自讨没趣，其他什么也得不到。

杜罗夫是俄罗斯著名的马戏丑角演员。他的表演惟妙惟肖，艺术感染力极强，常使观众在捧腹大笑之余沉思良久。

有一次，在演出幕间休息时，一个傲慢的观众来到后台找到他，用充满讥讽的口吻问道："丑角先生，观众对你非常欢迎吗？"

杜罗夫感觉到了他的不怀好意，但并没有生气，只是不动声色是回答说："还好。"

"作为马戏班中的丑角，是不是必须生来就得有一张愚蠢而又丑怪的脸蛋，那样才会受到观众欢迎呢？"来者咄咄逼人，自以为杜罗夫会羞得无地自容或怒得暴跳如雷。

"确实如此。"不料杜罗夫依然面不改色，语气淡然，"先生，真可惜啊！如果我能生出一张像你一样脸蛋儿，我准能拿到双倍薪水。"

这位傲慢的观众以为自己的话可以刺激到杜罗夫，让他无地自容或暴跳如雷，没想到，杜罗夫却反过来巧妙地把他讥讽了一番。由此可见，那些总是想把别人的尊严践踏在地的人，到头来只会落个自取其辱的下场。

清代大文学家蒲松龄虽然一生穷困潦倒，但他的满腔正气和刚直不阿却始终未改半分。有一次，一个有钱人请蒲松龄去赴宴，一身布衣的蒲松龄如约而至。席间，一个满身绫罗的矮胖商人阴阳怪气地对他说："久闻蒲先生文才出众，怎么总也不见先生金榜题名呢？"

蒲松龄微微一笑，说："对功名我已心灰意冷，最近我已经弃笔从商了。"

另一个满身绸缎的瘦高官吏听了这话很惊讶地说："经商可是很赚钱的，可蒲先生为何还是衣着平平，是不是赔得血本无归呀！"说完还怪笑了几声。

蒲松龄依旧不动声生，只是叹了口气说："唉！大人您说得没错，真是未卜先知呀。我最近去了一趟登州，碰上从南洋进来的一批象牙。这批象牙里，大多数都是用绫罗绸缎包着的，只有一小部分是用粗布包着。我想当然地以为用绫罗绸缎包着的一定更名贵一些，所以就多要了一些，而只要了少许用粗布包的。没料到回家一看，绫罗绸缎包的竟然全部是狗骨头，粗布包的倒真的是象牙！"

一番话说得富商和官员尴尬不已，在场的其他权贵原本想看场热闹，没想到也都被蒲松龄说得面红耳赤。

蒲松龄面对权贵们的嘲笑，巧用比喻，将自己比喻成象牙，而那些权贵自然都变成了狗骨头。

总是嘲笑别人的人，往往会搬起石头砸了自己的脚。"人无完人，金无足赤"，人生在世，总有这样那样的缺陷和遗憾，如果你总是把这些当成嘲笑别人的佐料，到最终遭唾弃的还是你自己。学会点包容和尊重，或许人与人之间就多了一份祥和。

要受人欢迎，还得保持一定距离

地球与各个行星只有保持一定的距离，才能按各自的轨道旋转而不互相碰撞；机动车与行人分道而行，才能保证交通安全。哲人叔本华说："人就像刺猬，靠得太近，会互相刺痛；距离太远，就无法'取暖'"。人与人保持恰当的距离，才能形成和谐的关系。

人生在世，不能没有朋友，但是朋友关系不像父子、夫妻关系那样，事关亲情和法律，也不像上下级之间，有制度和法律的约束，聚容易散也容易。所以，交友不但要谨慎，而且朋友之间应该保持一定的距离，这样做可以让友谊更加长久。

有时候，人与人之间的相处是非常微妙的，在彼此建立联系的过程中，每个人大多都会有一个可以完全信赖和吐露心声的亲密无间的朋友，但有时候，也会因为失去距离而伤害彼此的友谊。

记得有一篇小说，说的是一对非常要好的朋友，其中一个结婚时，客人已经散尽了，只剩下新郎和新娘。这是一个美好的时刻，但是新郎却无动于衷，好像还在等着什么人。新娘终于忍不住问了新郎，新郎说自己在等他的那位好朋友。新娘又羞又怒，举手就扇了新郎一巴掌。

小说当然不足为鉴，但它却提出了一个朋友交往中应该注意的问题，那就是要适当地保持距离。异性朋友自然不必说，距离太近了容易使友情走偏，其实，同性朋友也应该避免过分的亲近。比如，想方设法打探朋友的隐私，随便插手朋友的私事并且乱出主意，随便翻看或动用朋友的私人物品，对朋友的妻子缺少分寸感等，这些都是没有把握好距离的表现。

古人说，"与朋友交，敬而远之"，敬也就是保持一定的距离。俗语所说的"过近无君子""距离才能产生美"，也都是这个道理。有时候，距离是朋友之间的氧气。

英国政治家和作家本杰明·迪斯雷利曾说："没有永恒的敌人，也没有永恒的朋友，只有永恒的利益。"朋友之所以不能永久，是因为我们往往情不自禁地把好事做尽，没有给友谊留下必要的生长空间。

王猛在多年的努力下，终于在单位掌握了一点小权，因为这个，围在他身边的"朋友"也越来越多了。王猛很随和，跟他的这些所谓朋友也是无话不谈，他认为朋友之间就不应该有所保留，而应该坦诚相待。于是，他在这帮朋友面前几乎没有任何隐私。

后来，因为工作需要，王猛出国考察了一段时间，这时候有人恶意传言说他不会回来了。他之前的一位叫孟飞的朋友想要获得他的职位，于是便使劲地巴结领导，而且还在领导面前说了许多王猛的坏话。不料一段时间后，王猛却不声不响地从国外回来了，而且还升了官。于是，他亲眼目睹了一次极为精彩的表演：那位叫孟飞的朋友不仅毫无愧色，而且要为他这位"知己"接风洗尘。其实，王猛在国外考察的时候就已经得知孟飞出卖了自己。不过他也知道，这件事的错误并不在于自己太相信朋友了，而在于自己和朋友之间没有保持一定的距离。朋友之间以诚相待没错，但这并不意味着就应该没有一点隐私，什么话都说，毫无保留。

在一定的情况下，朋友是最值得信任的，但在有些时候，朋友却也是最危险的人。所以，朋友之间也应该时时刻刻保持应有的距离，一旦跨越

雷池，受伤的不仅仅是自己，还有你苦心经营的友谊也会一去不返。

人与人之间，距离太大，就是产生隔膜。距离太小，又仿佛失去了神秘感，失去了吸引力。就好像对一些太容易得到的东西，我们往往不懂珍惜，而对得不到又有机会得到的东西，我们会期待着去争取。

在动物园游玩，远远看见大老虎的时候，你会产生一种神秘的美感，可一旦野兽靠近，即使安全防范做得再好也会使你不寒而栗。人和人之间也有一个"安全距离"，如果"安全距离"被破坏，人的心理安全得不到满足的时候，矛盾就会如影随形。

其实，与人交往保持距离，绝不是设置心灵上的屏障或戒备防线。"距离"没有固定的界限，它因人、因场合而异，我们应该掌握距离这门学问，才能学会尊重别人和被别人尊重，从而更好地与人交往。

聊到点子上，才能抓住人心

有的人说起话来口若悬河，似乎口才非常不错，但实际上这并不能代表会说话。真正会说话的人说得不一定多，却能一语中的；声不在高，却能令所有人洗耳恭听。会说话的人具有强大的亲和力，能很快与人打成一片，抓住人心，在三言两语之间达到自己的目的。

聊到点子上，才是好口才

说话时要讲究技巧，如果不能攻击到对方的要害，就收不到良好的效果。所以，会聊天的人在与人交流时，从不与对方不停地周旋，而是总能一下子抓住问题的关键，一语击中要害。如果我们能在人际交往中将这一点完全掌握并发挥得恰到好处，就一定可以成为社交场中受欢迎的人。

有一次，汉代著名丞相萧何向高祖刘邦劝谏，请求把上林苑里的大片空地让给百姓耕种。上林苑本是专为皇帝游玩狩猎消遣的一处园林，所以刘邦听到萧何想要占用自己的园林，不禁大发雷霆，认为萧何这是以下犯上，想要造反，而且认定萧何一定是收受了老百姓的贿赂。于是，刘邦将萧何关进大牢，准备择日审判治罪。

当时掌刑狱的廷尉是个胆小如鼠的应声虫，他见刘邦如此震怒，便决定用大刑使萧何服罪。在这生死关头，一位姓王的侍卫官劝谏刘邦说："陛下还记得您与项羽对抗以及后来铲除叛军时候的事情吗？当时皇上在外亲自带兵讨伐，只有丞相一人驻守关中，百姓非常拥戴丞相。如果丞相真有利己之心，那关中早就不是陛下您的地盘了。您认为，丞相会在一个可谋大利而不谋的情况下，去贪图百姓的那点小利吗？"

简单的几句话，句句击中要害。刘邦听后非常惭愧，认识到自己的鲁莽，是自己辜负了萧何的一片诚心，于是当天就下令释放了萧何。

事实上，最会说话的人并不是那些口若悬河、滔滔不绝的雄辩之士，而是那些言简意赅、恰如其分地阐述自己观点的人。"大辩若讷"说的就是这个道理。真正会说话的人，懂得用最简单的语言把意思表达到位，把话说到点子上，这是决定一个人成功与否的关键性因素之一，也是一个人成熟稳重的重要标志之一。

德国著名诗人布莱希特非常讨厌那些冗长单调又没有多大实际效果的会议。有一次，有人邀请他参加一个作家聚会，并让他致开幕词。布莱希特本来不愿参加，但在举办者三番五次的邀请之下，他实在不好意思再拒绝，便答应了。

转眼到了聚会那天。会议开始前，主办人就讲了一通很长却没有实质性内容的贺词，然后高声激动地宣布："现在，有请布莱希特先生为我们这次大会致开幕词！"

布莱希特站起来，快步走向演讲桌前。参会的记者们赶紧掏出笔和小本子，相机也开始咔嚓咔嚓地响个不停。

不过，布莱希特却令所有人大失所望。他只是简洁了说了一句："我宣布，会议现在开始！"

抓住关键点，最重要的就是说出你要谈论的主题，其他的客套话尽量少说或者不说，这样听你说话的人才不会感到烦乱。当然，在运用这种方法时必须针对特定的对象。假如对方不是与你很熟悉的人，你一上来就开门见山、直奔主题，势必会让人感到唐突，沟通效果自然也不会太理想。

当然，应该注意的是，说话简洁绝非是为简而简，以简代精。简洁要从实际效果出发，简得适当，恰到好处，否则硬是掐头去尾，只能捉襟见肘，挂一漏万，得不偿失。

我们必须承认，任何事物都具有双重性，简短的语言有时很难将非常复杂的思想感情清晰地表达出来。与人交往，过简的语言则有碍于相互的了解。总之，简短应以精准为前提，该繁则繁，能简则简。

聊天聊到位，才能收拢人心

　　大家对《三国演义》中刘备摔孩子收买人心这段情节想必都很熟悉。说的是长坂坡大战，赵云为救少主刘禅七进七出的英勇故事。当赵云把怀中仍在熟睡的刘禅交给刘备时，刘备接过孩子之后的举动却吓呆了在场的所有人，只见他一把将刘禅扔在地上，并大声说道："为汝这孺子，几损我一员大将！"掷地有声的一句话，立即让赵云感受到了主公对他的信任和重视，从此忠心自然更胜一筹："云虽肝脑涂地，不能报也。"

　　作为一位领导者，如果身边没有几个忠臣义士是万万不可的。所以，领导者必须学会说些收买人心的话以得到他人的忠心。

　　秦穆公就非常注重施恩布惠，收买民心。一次，秦穆公最喜爱的一匹千里马跑掉了，最后被不知情的百姓抓住杀掉，成为了他们一顿美餐。官员们得知这一消息后大惊失色，立刻决定把吃了马肉的百姓都抓起来，准备进行严厉的惩罚。秦穆公听到这件事之后却说："君子不能为了牲畜而害人。而且，现在惩罚也毫无意义了，马已经没有了，放他们走吧。我听说过，如果吃了好马的肉却不喝酒对身体是没有好处的，所以再赐给他们一些酒，让他们拿回去喝吧！"百姓们对秦穆公千恩万谢而去。

　　几年之后，晋国大举入侵秦国，秦穆公率军抵抗。当时有三百勇士主动请缨，他们正是当年被秦穆公释放的那些吃马肉的百姓。为了报答秦穆公的不杀之恩，他们奋勇杀敌，不但救了秦穆公，而且帮助他活捉了晋惠公，使秦国在这场战争中获得了最后的胜利。

由此可见，作为领导者，一定要学会在关键时刻把话说到位，这样才能收拢人心，从而在危难时刻获得对方忠心的回报。

另外，有些话虽然看上去没有多少分量，但从特殊人物的嘴里说出来，也能产生神奇的效果。

有一天，宋太宗在北陪园饮酒，大臣王荣和孔守正在一旁侍奉。喝着喝着，宋太宗还没醉，王荣和孔守正这两位大臣却已经喝得酩酊大醉，而且开始了大声争吵，实在了失了身为臣子的礼节。负责礼部的官员见状，便奏请太宗，说要将二人抓起来送到礼部治罪，但太宗并没有采纳这位官员的意见，而是派人将他们各自送回了家。

第二天，王荣和孔守正醒了酒，想起昨晚在皇帝面前酒后无礼的行为，都感到非常恐惧，便一同跪到皇帝面前请求治罪。宋太宗见状则面带微笑地说："两位爱卿如此这般，所为何事啊？"两个人急忙为前一晚的事请罪，结果宋太宗却说："昨晚朕也喝醉了，你们说的事朕已经记不清了。"宋太宗用两句话不仅保自己了自己身为皇帝的颜面，同时也在无形中收买了人心。

历代统治者中，无数人曾运用过这种手段，而且屡试不爽。

1949年渡江战役前夕，国民党长江防务已接近崩溃，蒋介石仍不甘心，妄想以长江天险为屏障负隅顽抗。为了鼓舞士气，他亲自到长江前线去督战视察。当他察到一个坚守所时，看见这里的官兵居然在闹哄哄地打牌。官兵们见蒋介石亲临个个吓得呆若木鸡，心想这次必死无疑了。然而出乎大家意料的是，蒋介石非但没有惩戒他们，反而微笑着招呼大家都坐下，而且陪大家打起了牌。众官兵不知他葫芦里卖的是什么药，个个心怀忐忑，胆战心惊，大气都不敢出一声儿。一局牌下来，自然是蒋介石赢了。他站起身，扔下一句"打仗，我不行；打牌，你们不行"的话就走了。

直到此时，众官兵才如梦方醒，他们都不太敢相信自己竟然死里逃生，于是赶紧拿起枪去站岗。蒋介石的这一招果然奏效，这几个官兵为了报答他的不杀之恩，一直负隅顽抗，最后都成了蒋介石的"替死鬼"。

其实，无论是大人物也好，小人物也罢，在紧要关头都应该学会说几句打动人心的话，这样就可以为自己的人际关系创造一个良好的氛围。

开玩笑，要有分寸

　　无论是在生活中还是工作中，和朋友、同事开开玩笑，都可以在很大程度上活跃气氛，舒缓神经，缩短人与人之间的距离，这对于缓解日益紧张的生活节奏和工作压力是十分有益的。所以，人们常说，笑一笑，十年少。在社交圈中，喜欢开玩笑的人，总是会更受大家欢迎一些。

　　但是，从哲学角度来说，世界上任何事物的存在和发展都是有度的，度是一定事物的质和量的范围、界限或关节点。特定的事物只有在一定的度内才能保持质和量的统一，一旦这种统一由于量变达到度的界限就会被破坏，就会使事物的性质发生变化。我们开玩笑也是如此，必须把握分寸。在生活中，有些人在玩笑中夹杂着贬损，甚至口吐恶语攻击对方，并采取一些过激的行为。这样的"玩笑"不仅不会使对方在情绪上轻松愉快，反而使对方羞恼、愤怒。如果遇到的是修养高的人，反驳几句也就过去了。若是遇到性格火暴、从不吃亏的人，则会导致冲突，甚至大打出手。这时开玩笑的人可能会说："你这个人连玩笑都开不起？"而且会把责任全都推给对方。如果排除开玩笑的人起初就怀有恶意的情形，那么我们可以说这种玩笑就是不适度的。所以，开玩笑把握一定的"度"非常重要。

　　玩笑是生活的调味品。在繁忙的工作之余，在残酷竞争的压力下，同事之间、家人和亲戚朋友之间，开个玩笑大家笑一笑，既可以活跃气氛，又可以放松心情，但开玩笑一定要适度，要因人、因时、因环境、因内容而定。因此，开玩笑时一定要注意内容的选择，要做到既能引人发笑，又不影响相互之间的友情，而且内容不能太庸俗。有人喜欢拿别人的失误来开玩笑，自然会闹出不愉快。更切忌拿别人的缺点和生理缺陷开玩笑，这就更容易引发矛盾了，而那时的后果更是不堪设想了。

总体来说，要想让玩笑不过火，就要注意以下几点：

1. 开玩笑要分清对象

生活中，有人喜欢嘻嘻哈哈，经常与人开玩笑；有人却不苟言笑，喜欢严肃、安静。你要区别对待，千万找错开玩笑的对象。比如说，同样一个玩笑，可以对甲说，却不一定也可以对乙说。人的身份、地位、性格都各不相同，即使是同一个人，心情也有好坏之分，所以，每个人对玩笑的随受能力是不同的。

性格外向的人，大多比较宽容，忍耐力也足够好，所以跟他们玩笑，即便过分一点也多半会得到他们的接受。但如果对方性格比较内向，跟他们开玩笑就要慎之又慎了，哪怕是稍微过分一点的玩笑也有可能会触动他们的底线，从而让气氛变得尴尬，甚至弄得不欢而散。另外，即使是性格外向，平时喜欢开玩笑的人，也有心情低落的时候，这时候最好把你的玩笑放在肚子里，不要再说出来了。

2. 开玩笑要分场合

美国前总统里根曾经在一次国会开会之前开了一个玩笑，结果这个玩笑差一点引起一场外交风波。那天开会之前，为了试试麦克风是否好用，里根张口便说："先生们请注意，五分钟之后，我将对苏联进行轰炸。"此语一出，震惊四座。随后，苏联政府提出了强烈的抗议，一场外交风波一触即发。里根的这一举动，就是典型的不分场合开错了玩笑。

试想一下，在办公室里，同事正在工作，你却不知忙闲地开玩笑，不是等着遭白眼吗？在严肃的会场，你无所顾忌地开玩笑，不是招领导批评，遭同事反感吗?

所以说,玩笑不是开不得,而是要分清场合,否则很可能给自己惹来不必要的麻烦。

3. 玩笑的内容要高雅

从某种程度上来说,玩笑的内容决定着玩笑者思想情趣与文化修养的高低。内容健康、格调高雅的玩笑,不仅能给对方带来精神上的愉悦享受,也可以为开玩笑者自身的形象塑造带来益处。

在一次演出时,钢琴家波奇发现全场有一半座位都空着。面对这种情况,大多数人都会觉得有些尴尬,但波奇却丝毫没表现出来尴尬的神情,反而笑着对大家说:"朋友们,我发现你们这个城市的人都很有钱,因为我看到你们每个人都买了两三个座位的票。"波奇的话令在座的观众都笑了起来。这个高雅的玩笑不仅化解了观众少这一尴尬,同时也更加深了大家对他的好感。

4. 开玩笑时态度要友善

与人为善,是开玩笑的一大准则。开玩笑的过程,其实就是一个感情互相交流传递的过程,如果在开玩笑的时候对别人冷嘲热讽,或者发泄心里的不满情绪,或许表面上你会占了上风,但实际上却会因此失了人缘,得不偿失。

总之,在社交场合适当地开开玩笑可以促进人际关系的融洽,同时也可以借机展现自己的幽默,以此来赢得更多的人缘。但如果应用不当,就很可能会得罪人,进而影响人际关系。因此,开玩笑不能过分,尤其要分清对象和场合。

背后不说人非

在背后中伤朋友，说朋友的坏话是绝对的小人行径，是人际交往中的大忌。因此，要想获得朋友的信任和真正的友谊，我们就绝不应该在背后说人是非。

有这样一则寓言故事：

狐狸和狼原本是很要好的朋友。狐狸深得狮王的宠爱，狼却有点不受狮王待见。狼为此渐渐怀恨在心，于是开始在心里盘算，想找个机会在狮子面前说说狐狸的坏话。

有一天，狮子病了，狼觉得机会来了。于是便来向狮子控告，说狐狸对统治它们的大王毫不尊敬，大王得病了，竟然不来探视。正在这时，狐狸走了进来，听到了狼说的最后几句话。

狮子受了狼的挑拨，便生气地向狐狸怒吼，狐狸马上找了一个借口为自己开脱，它说："大王，所有来探望您的，谁能和我一样对您忠心耿耿呢？我跑遍了所有的地方，才替您从医生那里要来一种治病的药方啊。"狮子一听，态度一下变了，急忙问狐狸带来的是什么药方。

狐狸冷冷地看了狼一眼，然后回答狮子说："医生说大王您只要剥下一只活狼的皮，趁热裹在身上，立刻会药到病除。"

狮子立即下令将狼拉出去剥皮。这时候，狐狸转过身来冷笑着对狼说："你本应该使狮王不生恶念，只生善念才对啊！"

这个寓言给了我们这样的启示：心胸坦荡，光明磊落，不在背后说朋友坏话，不做小人之事，是保护自己最好的方法。

　　但是，生活中却总是有人一再犯与狼一样的错误，他们总是喜欢在背后说别人的坏话，结果只能是搬起石头砸了自己的脚。

　　"告诉你们一个秘密，小敏这次提升没有希望了。"在酒吧里，小秋见小敏去卫生间了，便低声对其他几个同伴说。

　　"为什么？"

　　"她这个人呀，脾气不好，傲慢又清高，自从上次李总在总结会上对她的销售方案大加赞扬后，她就开始翘尾巴，不知天高地厚了。这不，刚得意没几天，听说就被李总知道了，把她叫去狠狠地训斥了一顿呢……"

　　"是吗？你的小道消息好像不准确吧。"就在小秋神秘地低语、其他几位同事听得出神时，她们谁也没注意到小敏已经从卫生间出来了，就站在小秋的身后。

　　"我……我……"小秋显得非常尴尬。

　　"李总的确找过我，但不是批评，而是……"说到这里，小敏随手从自己的包里拿出一份材料，递到了小秋面前说："看看吧。"

　　小秋一看，就傻眼了。原来，这是一份任命小敏为销售部经理的任命书。

　　"我本来不想用这种方式告诉你这件事的，但是你太让我失望了。"说完，她鄙夷地看了一眼小秋，转身走出了酒吧。

　　如果你想获得真正的友谊和朋友的长久信任，就不要做背信弃义的人。当然，在结交朋友时，我们也不能一味地相信对方。因为，如果对方是一个别有用心、居心叵测的人，那么这种友情随时可能被玷污，所以我们必须谨慎从事，多设几道防线，预防"朋友"的恶意中伤。也就是说，在人际交往中，我们既不要做那个背地说坏话的人，同时也要防备身边心怀叵测的人在背后恶意中伤我们。

主动道歉，化解误会

"将相和"的故事流传了千年，相信大家都不陌生。

战国时期，廉颇是赵国有名的良将，战功赫赫，被拜为上卿。舍人蔺相如奉命出使秦国，不辱使命，完璧归赵，因此一回到赵国便被封为上大夫。不久之后，他又因在秦王与赵王于渑池会见时维护了赵王的尊严而被提升为上卿，且位于廉颇之上。廉颇因此十分不服，扬言说："我要是见了他，一定要羞辱他一番。"蔺相如知道此事后，便开始有意不与廉颇会面。大家都以为蔺相如害怕廉颇，廉颇因此很得意。可是蔺相如却说："我连秦王都不怕，哪里会怕廉将军？只不过，现在秦国倒是有点怕我们赵国，这主要是因为有廉将军和我两个人在。如果我跟廉将军互相攻击，那只能对秦国有益。我之所以避开廉将军，是以国事为重，把私人恩怨放在一边。"这话传到了廉颇耳中，他听后十分感动，认为自己以前错怪蔺相如了，蔺相如果真是赵国难得的人才。于是他决定向蔺相如去赔罪。他光着上身，背负荆杖，来到蔺相如家里请罪。他羞愧地对蔺相如说："我真是一个糊涂人，想不到你能这样地宽宏大量。"两个人从此结成誓同生死的朋友，共同保卫着赵国。

由此可见，当我们在生活或工作中，不小心因为说错了话而惹怒或得罪了别人时，不要焦急或烦恼，一定要真诚地表示歉意。对于人际交往而言，道歉有着不可估量的重要作用。

有时候，一句真心诚意的"对不起"不仅无损于人际关系，反而能够让和解后的关系变得更加融洽和密切。

在一次政治运动中，一位著名的物理学家被以莫须有的罪名调离了岗位，送到了偏远地区的一个工厂，在那里他每天要从事很繁重的体力活。后来，他通过各方途径终于知道是原来的一个同事暗中搞的鬼，他才会被流放到此的。事已至此，别无他法，他只好默默忍受着这种不白之冤带来的煎熬。

半年后的一天，他突然接到了当初陷害他的那位同事的信。原来这位同事在另外一次政治运动中也遭受到了别人的诬陷，如今陷入了跟他一样的境地。这让这位同事的良心受到了莫大的谴责，于是他鼓起勇气给物理学家写了一封信，希望他能够原谅自己，接受自己的道歉。

虽然因为他而让自己蒙受了不白之冤，但这封情真意切的道歉信却让物理学家这些年来的积怨消失不见了。他立即给这位同事回了一封信，两个人就这样和好如初了。再后来，那位同事洗刷了冤屈，重新回到了工作的地方。他开始四方奔走，为物理学家脱罪，最后，在他的努力下，物理学家也终于沉冤得雪，重新回到了科研的工作岗位上。

道歉确实是人际关系中不可或缺的一部分。当然，并不是所有的道歉都能得到对方的谅解，诚心诚意的道歉应该是语气温和的，坦诚但不谦卑的。这样的道歉才能够化解对方心中的怨气，让你们重归于好。

当然，最诚挚的歉意应该是发自内心的，主动的反省，这种道歉的效果会更好。

卡耐基住在纽约的市中心，从他家步行几分钟就可以到达一个风景优美的森林公园。他经常带着自己的小波士顿斗牛犬雷斯去那里散步、玩耍。雷斯个头矮小，性情温顺，从不咬人，再加上在那座公园里很少能碰到行人，所以卡耐基从不给雷斯戴口罩或系狗链。

有一天，卡耐基又带着雷斯到森林公园去散步。刚走了一会儿，迎面碰到了一位骑马的警察，这位警察似乎迫不及待地想要把他的权威表现出来。

"先生，请问你为什么让你的狗跑来跑去，而不给它戴上口罩或系上链子？难道你不知道这样做是违法的吗？"警察大声地斥责卡耐基说。

"警察先生，我知道这样做是不对的，但我认为这样一只小狗是伤害不到人的。"卡耐基辩解说。

"我不是这么认为的！法律是不管你怎么认为的。在这儿，它可能会咬死松鼠，或咬伤小孩子。这一次也就算了，我不再追究，但假如下次再让我看到你的狗没戴口罩或没系狗链在公园里乱跑，到时候我会让你亲自去跟法官大人解释。"

卡耐基点头称是，客客气气地答应了。

但是，雷斯好像不喜欢戴口罩，也不喜欢被链子拴住，卡耐基也不喜欢看它受罪，所以，虽然答应了警察，但是他却依然像以往一样，放纵着雷斯。

过了几天，卡耐基又带着雷斯去森林公园玩耍。不幸的是，这一次他又遇到了一名警察。

这一次，卡耐基没有等警察开口便主去对警察说："警察先生，这下你当场逮到了我，我承认自己犯了错。我不找借口了，因为上个星期已经有一位警察警告过我了，若是我再带着不戴口罩或不系狗链的小狗到处乱跑，就要对我进行处罚了。"

出人意料的是，这位警察并没有责怪他，而是说："好说，好说，我知道没有人的时候，谁都忍不住要带着这样一只小狗出来玩玩。"

卡耐基说："是这样的，的确是忍不住，但我也知道这是违法的。"

警察反而为他开脱："像这样的小狗大概不会咬伤别人吧。"

卡耐基说："虽然不会咬伤人，但它可能会咬伤松鼠。"

警察说："你大概把事情看得太严重了，我们这么办吧，你只要让它跑过小山，到我看不到的地方，这件事情就这么算了。"

发生这件事之后，卡耐基感叹地想，这位警察其实也是一个普通人，他想要的是一种重要人物的感觉，因此当他看到卡耐基主动承认错误而没有给自己开口责怪他显示权威的机会时，只有以宽容的态度原谅了卡耐基，因为这样也能够体现了他的权威。

由此可见，当我们面对即将被人指责的局面时，不妨以先发制人的方式先数落自己一番。这种不与对方发生正面冲突，而是爽快、坦白地承认错误的方法，很容易让矛盾在一个和谐的气氛下得到解决。

俗话说："金无足赤，人无完人。"在人际交往中，每个人都难免会犯错，得罪别人，但只要勇于承认错误，真心改过，完全可以得到别人的原谅和尊重。

在失意人面前，不要说得太得意

我们都有过这样的经历，工作、生活都很顺利时，心情也会变得很轻松，很欢快，和朋友们小聚时话也会比平时多，高兴之情时常按捺不住，总是会在经意不经意间在朋友面前流露出来。当然，如果你这样做是为了得到朋友们的祝福，同时也让大家一同分享你的快乐和幸福，是无可厚非的。但是有时候，如果太过得意，或许就会在无形中伤害在座的某个工作或生活有些不如意的朋友，让对方误认为你在故意炫耀，故意挤兑、嘲笑他，这样一来，他就很可能会对你产生怨恨，从而大大影响你们之间的交情。

因此，无论在什么场合说什么话，不管说的是什么，在话未出口前，我们都应该仔细想一想，把不该说的话"过滤"掉，以免因此让某些人受到伤害，进而影响自己的人际关系。

有一次，小吴约了几个朋友来家里吃饭，这些朋友彼此都是熟识的。他们聚会的主要目的是想借着热闹的气氛，让一位目前正处在低潮的朋友小孟心情好一些。

不久前因经营不善，小孟的公司倒闭了，妻子因为不堪生活的重压，带着女儿回娘家了。事业和家庭的双重压力，让小孟感到十分痛苦。

来参加这次饭局的朋友都知道小孟目前的境况，所以大家都避免谈及与事业及家庭有关的话题。可是，其中一个叫沈飞的朋友因为刚刚赚了很多钱，三杯酒一下肚，就忍不住开始谈起自己赚钱的本事和生意上的事情。他得意的神情令在场的人看了心里都有点不舒服，尤其是小孟。听着沈飞的话，小孟脸一阵红一阵白，一会儿去上厕所，一会儿去洗脸，最后饭局还没结束就提前离开了。

原本沈飞在朋友当中挺有人缘的，可自从这件事之后，大家都开始有意无意地疏远他，再有朋友聚会这样的场合也都不再叫他了。

由此可见，在失意的朋友面前，切忌为了炫耀自己而不顾对方的感受。要知道自吹自擂只会招致别人的厌恶，绝不会为自己赢来好的名声。那么，在失意的朋友面前我们怎样做才能最大限度地安慰他们，并获得好人缘呢？

1. 给予对方真诚的关怀

朋友的关心和爱护能使处于困境中的人重拾勇气"从头再来"。我们可以适当地给予这样的朋友物质和精神上的帮助，使他们尽快走出人生的低谷。

2. 说话要"小心"

失意的人一般都很敏感，稍有"风吹草动"便以为是针对自己，表现得多疑、善变，情绪不稳定，因此，跟他们说话时要尽量避免提及跟他们的失意有关的话题，更不要说对他们有刺激的事。要尽量说一些安慰的、鼓励的话。

3. 要有耐心

当失意的朋友向你倾诉心事时，不管你多忙多累，都应该坐下来，耐着性子听他讲完，并给予一定的安慰，使他的心情平静下来。切忌在听对方讲话时手里还做其他事情，或者即使在听，但脸上露出不耐烦的神情。

人人都会经历人生的低谷，人人都会遇到不如意的事。这时，在失意的朋友面前炫耀自己的得意之事，无异于在别人的伤口上撒盐。这样既伤害了朋友，也破坏了自己在朋友心中的形象，对人际关系也造成严重的负面影响。如果不想失去朋友，就要引以为戒。

废话连篇，不如直截了当

据记载，子禽有一次问老师墨子："老师，一个人说多了话有没有好处？"墨子回答说："话说多了有什么好处呢？比如池塘里的青蛙整天整天地叫，弄得口干舌燥，却从来没有人注意它。但是雄鸡，只在天亮时叫两三声，却吸引了所有人的注意。所以说，话要说在有用的地方。"正所谓"言不在多，达意则灵"。

日常生活和工作中，我们要追求的是用最凝炼的话来表达尽可能丰富的含义。话说得是否精彩与长短无关，关键在于是否准确地表达了该表达的意思。对于那些空话套话，没有人愿意听，听多了会让人觉得精神受了折磨，浪费了时间。

《红楼梦》里描写了这样一段：有一次，凤姐让丫头小红给平儿传话。小红从平儿处回来时，把四五件事压缩在一小段话里回禀给凤姐："我们奶奶问这里的奶奶好。我们二爷没在家。虽然迟了两天，只管请奶奶放心。等五奶奶好些，我们奶奶还会让五奶奶来瞧奶奶。五奶奶前儿打发了人来说舅奶奶带了信来了，问奶奶好……"

当时李纨正在凤姐屋里跟她话家常，对于她这个局外人来说，小红的话听得她很是糊涂，于是便问凤姐是什么意思。凤姐笑着说："这是四五门子的话呢。"她表扬了小红能把"四五门子的话"用几句话表达出来。

这件事之后，凤姐决定把小红要到自己手下听差。可以说，是小红简洁、准确的言语表达赢得了凤姐的欣赏和信任。

很少会有人喜欢废话连篇、半天说不到点子上的人。要做到说话简洁明快，可从以下几个方面入手：

1. 言简意赅

一般来说，话说得越简明越好，有的人在叙述一件事时说了很多，却无法把自己的意思表达清楚。听者花了很多时间和精力，最后弄得一头雾水。如果你在说话时有这种问题，一定要改正。最好的办法是，说话之前先在心里做一个初步的计划，这样就可以在很大程度上避免一说话就啰嗦。

2. 不要用过多的重叠用语

有时候，确实需要用叠句以引起别人的注意，或者加强语气。但如果滥用叠句，就会让语言变得有些啰嗦。比如，许多人在疑惑不解的时候经常会说："为什么会这样？为什么？"其实，一个"为什么"足以表达疑惑之意了，多加一个没有任何意义。

3. 同一词语不可频繁出现

一般来说，大家都希望自己的交谈对象是一个语言丰富多彩的人。虽然我们做不到像名人那样，每说到一件事都要创造一个新词，但至少应该在最大限度内使自己的语言表达做到多样化，避免重复使用同一个词汇。即使是一个新奇的词，你在短短几分钟内频繁使用，也可能会令人产生厌烦之感。

4. 不要滥用术语

在平时的交谈中，我们的语言不能太粗俗或者太深奥。如果不是相关方面的专家，术语也尽量少用更不能滥用。滥用术语让人听起来感觉晦涩难懂，不仅不会给你的口才锦上添花，反而会让人感到厌烦。

5. 避免口头禅

有些人在交谈时经常爱说一些口头禅，比如"就是""我认为""很明显""没问题"，等等。无论这些话与所说的内容是否有联系，他们几乎总能脱口而出。这样的口头禅说多了，不但影响说话的效果，而且容易被人当成笑料。因此，一定要将这类口头禅从你的言语中彻底剔除。

6. 杜绝粗俗的语言

常言道："言语是个人学问品格的衣冠。"一个温文尔雅的人，如果一开口就粗俗不堪，那么别人的仰慕之情立刻会烟消云散。其实，这些人中有相当一部分不是学问品格不高，而是在追求语言的新奇中，不自觉地染上了这种坏习惯。

言简意赅，不说废话，这样的人才显得干练。所以在日常交往中，我们应该把话说得简洁一些、通俗一些，这样才能处处成为受欢迎的人，从而获得好人缘。

Part4
幽默藏机锋，让你人气暴涨

　　幽默是人的能力、意志、个性、兴趣的一种综合体现。它是引力强大的磁石，有了幽默的社交，便会把一颗颗散乱的心吸入它的磁场，让人绽放灿烂的笑容。它是智慧的火花，可以说这种交往是智慧的体现，是智者灵感勃发的光辉。

幽默来了，尴尬就没了

幽默是一种特性，一种引发喜悦、以善意愉快的方式娱人的特性；幽默是一种能力，一种可以提升人格魅力的能力；幽默是一种艺术，一种比笑话更高超的艺术。

幽默的力量是属于你自己的，是你和你在人生中扮演的角色所拥有的。这种力量使你能够摆脱困境，自由自在地表现自己的想法和感受，使你可以自由地去冒险，表现不平凡的作为，创造有价值的人生。

有时，我们需要表达对他人的仁爱、同情和安慰，但这种表达如果方法不当，反而会使我们劝慰的人产生被怜悯的感觉。在这种时候，我们不妨幽默一下，效果则会大不相同。

有时候，通过一个幽默委婉地表达对朋友的安慰之意，可以避免许多不必要的紧张和忧虑，使人心情舒畅，还能以此开导他人，解决争端。

一家公司的总经理因为财务问题与税务局的科长产生了矛盾，双方互不退让，积怨日深，而且都不愿意平心静气地坐到一起解决这个矛盾。但有一个重要的会议需要双方必须参加，所以他们不得不来，但到了会议现场，双方仍就互不理睬。

会议的主持人事先已经了解到了他们之间的矛盾，于是便想趁这个机会帮他们化解一下。经过短暂的思考后，主持人在向众人介绍这位总经理的时候说："下一位发言的先生无须我多说，但他的确需要一位好的税务律师。"下面的听众哄堂大笑，总经理和税务局局长也都忍不住笑了起来。

在快节奏的现代社会中，繁忙的工作和各种复杂的人际关系使人们之间的矛盾日益增多，日常生活的摩擦冲突更是接踵而至。有时候，由于我们自己的不小心，经常会让自己处于比较难堪的境地。或者有时候，我们也会碰到缺乏教养、不怀好意的或者对我们有敌意的人，这时候我们也会因此陷入比较尴尬的境地。遇到这些情况时，如果我们抽身而退，固然可以逃离困境，但却会被别人当成逃兵，总是有些不光彩，也会给自己以后的社交生活带来负面的影响。其实，这时候，如果发挥一下幽默细胞，往往能够游刃有余地灵活应对。

相声大师侯宝林曾到美国去访问演出，美国许多记者都来到现场采访他。记者们向来被称为"无冕之王"，他们非常擅长给名人制造各种麻烦，许多名人都曾被记者的刁钻问题难倒甚至下不来台。美国记者们自然也不会放过刁难侯宝林的机会。在采访现场，一位美国记者提出了一个很刁钻的问题："里根是演员，当了美国总统，你也是演员，你在中国也可以像里根这样吗？"

这个问题可不好回答，即不能答"可以"，也不能答"不可以"。侯宝林稍微思考了一下，笑着回答道："我和里根不一样，他是二流演员。"

侯宝林先生的这个回答妙不可言，既回避了简单的"是"与"否"的回答，又充分肯定了自己的演艺生涯，可谓含而不露又无懈可击。

从这件事中我们可以得出一个结论，那就是在面对这些尴尬的情况时，只有我们自己才能解救自己，用智慧和幽默才能帮助我们摆脱困境，维护我们的尊严，展现我们的人格魅力。

众所周知，林肯的长相实在不敢令人恭维。有一次在一个公开场合，有人对林肯说："你长成这个样子，还出来干什么？不如躲在家里别出来。"

这话是非常不礼貌的，但林肯并没有生气，只是淡淡一笑回应说："很抱歉，我这也是身不由己。"

"身不由己"是就他的长相来说的，天生如此，他也没有办法。大家听了，都笑了起来，原本尴尬的局面就这样过去了。

类似这样的难堪局面在生活中我们经常会碰到，有时候总是让我们无法提前加以防范，但幽默感强的人总是能随机应变，轻松过关，留下许多趣事逸闻，让人们津津乐道。

有一天，一个社会地位显赫但有点狂妄的贵夫人向萧伯纳发了一张请帖，想请他到自己家里来做客。她的请帖是这样写的："星期四下午四点到六点，我将在家。"

萧伯纳对这位贵夫人的自大狂妄早就有所耳闻，所以一直对她敬而远之，这一次他当然也不会去赴约。当然，碍于对方也是有名望的人，所以萧伯纳不好正面回绝，于是他想到了一个好办法，他在贵夫人的请帖下面添上了简短的一行字："我也一样。萧伯纳。"然后派人将请帖送给了那位贵夫人。

虽然没有直截了当地拒绝，但拒绝的意思已经一目了然，这样的幽默同样显示了萧伯纳在社交上的智慧。

在各种不同的社交场合，迅速摆脱自己所处的不利处境，活跃气氛，赢得尊重，都是离不开幽默的。俗话说："要在游泳中学会游泳。"同样的道理，我们只有在社会交中才能学会社交，在幽默中才能学会幽默。所以，在社交中大胆地去实践幽默的独特魅力吧，经过实践的检验，我们就可以把幽默运用得越来越娴熟，越来越得当，也会因此在社交的道路上越走越顺畅。

自嘲是幽默的超高境界

幽默是人的天性，所有人都向往充满欢乐的生活。在生活或工作中遇到不如意的事，幽默的人懂得如何调剂，通过调侃传递出快乐的信息，这样的人乐观且幽默，看待问题很达观，对待生活也充满激情和憧憬，浑身上下洋溢着使人愉快的气息。调侃是一种情趣，拥有这样高尚情趣的人在社交中怎能不受人欢迎呢？

而在所有调侃中，自我调侃则是很高的一种境界，它所能体现出来的人格魅力也是超强的。比如说，一个胖子摔倒了，可以说："幸亏有这一身肥肉，要不然还不把骨头摔断了！"换成瘦子又可以这样说："要不是重量轻，这一摔一定成肉饼了！"

某人要出国进修，他的妻子半开玩笑半认真地说："你到了那个花花世界，说不定就会看上别的女人了。"他笑着说："你瞧瞧我这副尊容，瓦刀脸、罗圈腿，站在路上怕是人家眼角都不撩呢！"一句话把妻子逗乐了。

大多数人都忌讳主动提到自己长相上的缺陷，可这位先生 却能够接受自己的先天不足，并不在意揭丑。这样的自嘲体现了一种潇洒的人生智慧，比一本正经地向妻子发誓绝不拈花惹草效果要好得多。因此，当你陷入尴尬的境地时，也可以借助自嘲来使自己从中体面地解脱。

由此可见，自嘲时，对自己的某个缺点猛烈开火容易妙趣横生，面对你的这种气度和勇气，别人也不会让你孤独自笑，一般都会奉上会心一笑。

一个人如果有某些缺点或缺陷，这本身并不是一件好事。但如果能够勇于自我暴露问题，揭露这些缺点，明示自己的缺陷，便能显示一个人的坦诚和责任感。这样的人往往会被视为可靠和勇敢的人，同时，他们表现出来的豁达和自信也总是会淡化他们自身的缺点和缺陷。

前苏联总统戈尔巴乔夫最爱讲一个关于他本人的笑话，用来嘲笑自己在对苏联进行经济必革时的失败。

在一次俄罗斯联帮大会上，戈尔巴乔夫对记者们说："有一个总统拥有一百个情妇，其中一个染有艾滋病，但很不幸，他分不出是哪一个；另一个总统有一百个保镖，其中一个是恐怖分子，但很不幸，他不知道是哪一个。"

说到这，戈尔巴乔夫环视了一下周围的记者，然后自嘲地说道："而戈尔巴乔夫有一百名经济学专家，其中有一个是聪明人，但很不幸，他不晓得是哪一个。"

戈尔巴乔夫想用经济改革的成就来挽救他政治体制改革的失败，但经过一系列的努力，仍无济于事。他在记者会上的这番自嘲，其实是承认了自己对经济改革的无能。

解放前上海有位叫姚明晖的教授，体弱清瘦，总是宽袍大袖。他很怕冷，入冬后便常常头戴大风兜，只露出眼镜、尖尖的鼻子和一撮山羊胡须，样子很滑稽。

一天上课，一进教室就看见黑板上不知谁画了个酷似他本人的猫头鹰。姚教授毫无怒色，拿起粉笔，在旁边写了一行字："此乃姚明晖教授之尊容也。"他那大智若愚的通达、闲适自处的超俗，使学生们对他产生

了高山仰止的尊重。

　　许多伟人、名人，在公共场合都曾谈笑风生地自嘲过。由此可见，适时适度地自嘲，不失为一种良好的修养和一种充满魅力的交际技巧。

　　自嘲能够制造宽松和谐的交谈气氛，能使自己活得轻松洒脱，使人感到你的可爱和人情味，有时还能更有效地维护面子，建立起新的心理平衡。

　　笑自己，笑自己的观念、遭遇、缺点乃至失误，甚至笑自己的长相、自己狼狈不堪的处境，都可以变被动为主动、表达自己的看法、解释彼此的误会、消除人际隔阂。如果只是一厢情愿地取笑别人，最后还是会被众人取笑；而笑自己，却是对自己的问题画个句号，如果别人再为之而笑，已经不会再构成伤害了。

适度的夸张，恰是幽默的艺术

幽默是一个人智慧的外在表现，是智慧的火花，也是智慧者灵感勃发的光辉。幽默有很多种类，有善意的、冷酷的、友好的、悲伤的、感人的、攻击性的、不动声色的、含沙射影的、嘲弄的、挑逗的、和风细雨的、天真浪漫的，但无论是揶揄也好，嘲笑也罢，充满同情怜悯也好，纯属荒诞古怪也罢，其意趣必须是内心涌出的。只有这样，它才能拓展开心灵的温暖与光辉。

在幽默众多的种类中，适度的夸张是很能突显幽默艺术的一种。

自吹自擂的幽默作为一种"厚脸皮"的幽默技巧，能广泛地用于日常生活中。不管你处于什么样的情形之下，都可以毫不脸红地把自己吹嘘一番。当然，你所"吹"所"擂"的东西应与现实情况有较大差异，并且表意明确，让对方很容易通过你的话看出你的名不副实，这样幽默才能顺利产生。

有一次，萨马林陪斯图帕托夫大公围猎。闲谈之中萨马林吹嘘道："我小时候也练过骑射，虽然算不上精通，但也算得上箭无虚发。"

听到这，大公便让他射几箭，见识一下他"箭无虚发"的本领。萨马林本是在吹牛，他的箭法根本算不上高明，所以一再推辞。可是大公却再三坚持，最后萨马林只好拉弓搭箭。

他瞄准一只麋鹿，结果第一箭没有射中，于是他说："罗曼诺夫亲王

是这样射的。"他又射出了第二箭，结果还是没中，于是他又说："骠骑兵将军是这样射的。"到了第三箭，他终于射中了，于是他自豪地说："瞧瞧，这才是我萨马林的箭术。"

自吹自擂往往与现实形成反差，幽默就这样从中产生。自吹自擂的时候，可以毫不脸红，却免不了误打误撞，言过其实。不过，从制造幽默的角度来说，情况与事实有出入而自己却津津乐道，恰能透出浓浓的幽默情趣。

孟良自以为精通棋道，在别人面前总是不服输，又很爱吹牛。有一次，他与人连下三盘，盘盘皆输。过了几天，有人问他："那天的棋下了几盘？"他回答说："三盘。"人家又问："谁胜谁负？"他脸不红心不跳地说："第一盘我没能赢他；第二盘他又输不了；第三盘我想和，他却不干！"

自吹自擂是夸大其辞的一种，夸大其辞就是用荒谬夸张的话来表达幽默，使人备觉趣味。夸张之所以能造成幽默效果，是因为这些话题与内容经过夸大之后，变得不合常理，大大出人意料，从而造成幽默的效果。下面这个幽默故事就运用了夸张的幽默手法。

有一个美国人和英国人在一起互相吹牛。

美国人说："我们美国人很聪明，发明了一种制造香肠的机器！这种机器真是神奇，只要把一头猪挂在机器的一边，然后转动机器的把手，那么香肠就可以自动地从机器的另一边一条一条地转出来！"

英国人一听，不屑地说："这有什么了不起？这种做香肠的机器我们早就有了！你们美国人真是少见多怪！我们早就把这种机器改造得更加神奇了！"

"怎么神奇？"美国人问。

"我们新的制作香肠的机器，只要做出来的香肠不符合我们的口味，我们就可以把香肠放在机器的一边，然后'倒转一下'机器的把手，那么机器的另一边就会跑出原来的那头猪。"

在上面故事中，美国人的话虽然也十分夸张，但英国人的话比美国人的话更能产生幽默效果，这是因为英国人的话带有更加明显的荒谬性，从而使整段话发生了质的变化，幽默也就展现出来了。很多幽默的成功，都在于对关键的地方用语言进行恰到好处的夸张。

指责的话也可以幽默地说

在生活中，谁都不免会犯或大或小的错误。面对他人的错误时，许多人都会控制不住自己的情绪而横加指责。尽管这样做无可厚非，但有时候却不能被对方接受，很容易使双方发生争执。其实，这时候，如果我们能抛开严肃的态度，用幽默的语言传达暗示性的责备，那么对方一定会更愿意接受我们的意见，而且这样做也不会影响相互间的交情。

一位顾客在一家餐馆里用餐，他正把米饭里的沙子一粒粒地挑出来放到桌子上。服务员看到了不好意思地说："里面的沙子不少吧？"顾客微笑着点头说："是啊，还是有一点米的。"

故事中的顾客并没有直接指责米饭的质量不好，而是用服务员说的"沙子不少吧"大做文章，幽默地指出"饭里除了沙子还是有一点米"，通过先肯定后转折的方式表达了自己的不满。这样的责备不但向服务员表达了不满，而且没有引起对方的反感。幽默的魅力在于总是和颜悦色地指出错误，让人们在笑声中认识到错误，从而顿悟改正。

"难言"之时用幽默委婉表达是一种让人拍案叫绝的方式。这种方式要求人们间接地而不是直白地表达自己的意思，在制造幽默时无论在素材还是思维方式上都可以真假并用，而且具有很大的假定性。用这种技巧处理一下你的表达内容，使之更耐人寻味，你就可以通过委婉曲折的形式使对方领悟了。

　　作者："张老师，您觉得我的这首诗写得怎么样？"

　　编辑："写得真是太好了，意境非常高，完全可以公开发表。但是，有一个地方需要略做改动。"

　　作者："真的吗？需要改动哪里呢，麻烦您帮我修改一下吧！"

　　编辑："只要把你的名字改成徐志摩就行了。"

　　这位编辑用幽默的语言既曲折地表达了自己的意见，又给作者留了台阶。如果编辑直接说"你这首诗完全是照抄徐志摩的"，虽然语言简洁，意思表达非常清楚，但这样过于一本正经会明显伤害作者的自尊。

　　生活中，我们会对身边的人有各种各样的看法，有时候是好的，有时候是坏的。当我们有了对别人不好的看法时，如果直言不讳、直接指责，难免会伤害对方。如果能给指责穿上一件幽默的外衣，对他人的缺点做善意的批评，那么对方不但会心甘情愿地改正错误，而且不会伤害彼此的感情。

　　萧伯纳的幽默人所共知。有一次，萧伯纳正在街上走着，突然被一个骑着自行车的人撞倒了，骑车的小伙子吓得六神无主，慌乱之中连忙向萧伯纳道歉。萧伯纳站起来拍拍身上的尘土，诙谐地说："先生，你比我不幸，要是你再加点劲儿，那就可以作为撞死萧伯纳的好汉而永远名垂史册了！"一句话让原本紧张的气氛变得轻松起来。

　　还有一个类似的故事。

　　一位刚刚学会骑车的人在路上练车，突然看见前边有个过马路的人，于是他连忙喊道："别动！别动！"过马路的人闻声站在了那里，结果还是被撞了。

骑车的小伙子急忙扶起了被撞倒的人，连声道歉。那人却幽默地说："原来你刚才叫着'别动，别动'是为了瞄准我呀！"

过马路被骑车的人撞倒了，不但不生气，反而有心情与骑车人开玩笑。或许有人会不理解，其实，这并不是在回避或无视生活中的矛盾，而是以幽默的方式展示一种温和的批评，这种带有幽默的批评表现出的是一种很高的修养。

有一个叫小芳的姑娘，模样长得很普通，身材也一般，但性格开朗大方，为人正直、幽默，所以跟她接触过的人都很喜欢她。有一次，小芳去参加同学聚会，和同学们一起回忆着大学时代的美好生活。正在大家谈得很高兴的时候，一个叫阿强的同学却不小心把一杯水洒在了小芳的脚上，她的皮鞋被泼湿了。阿强感到非常抱歉，场面一时有些尴尬。这时候小芳却不慌不忙地说："正常情况下，大家都是先脱鞋后洗脚的呀！"一句话，让满屋子的人都笑了起来，尴尬的气氛一扫而空，同学们又开始了说说笑笑。

很少有人愿意听别人批评或指责自己，即便是在自己做错的情况下。但如果这种批评或指责是以一种幽默的方式表现出来的，那么就很少有人会拒绝了。

学会幽默，你得学会这几招

一位哲人曾说："幽默是我们最亲爱的伙伴。"我们的生活、人生都不能缺少幽默。没有幽默，生活将会变得枯燥而单调。幽默是思想、学识、智慧的结晶，是一种能在不知不觉中打动人、感染人的力量。当你把幽默作为礼物赠与他人时，你会得到更多的回报。

在现代社会中，幽默为一种人们越来越看重的个人能力。那么，如何使你的语言变得更加幽默呢？试试使用下面的一些技巧吧。

1. 隐含判断

隐含判断的方式因其具有含蓄性，暗藏锋芒，表面观点和实际观点既有千丝万缕的联系，又有大跨度的差距，虚实对比之下往往会显得风趣谐谑，所以能产生十分强烈的幽默感。

一个晚上，英国政治家约翰·威尔克斯和桑威奇伯爵在伦敦著名的牛排俱乐部里共进晚餐。酒过三巡后，桑威奇伯爵略带醉意地跟约翰·威尔克斯开玩笑地说："我经常想，你一定会死于非命，不是天花，就是被绞死。"威尔克斯马上回击说："我的伯爵先生，那要看我是喜欢伯爵夫人还是喜欢伯爵了。"

"隐含判断"的幽默在于它不是一览无余，而是给人留下回味思考的空间。这个空间趣味无穷，机锋无限。

2. 正话反说

说出来的话，所表达的意思与字面正好相反，就是正话反说。如果字面上是肯定，而意义上就是否定；如果字面上是否定，而意义上就是肯定。用这种方法能在不直接指明对方错误的基础上，使他们自我反省并认识到自己的错误。

有一则宣传戒烟的公益广告，上面不但不提吸烟的危害，反而说了吸烟的四大好处：

一、节省布料：由于吸烟的人易患肺痨，导致驼背、身体萎缩，所以做衣服就不用太多布料；

二、防蚊虫叮咬：浓浓的烟雾熏得蚊虫受不了，只能远远地躲开；

三、防贼防盗：吸烟的人易得气管炎，整整一晚咳嗽不止，盗贼以为主人未眠，于是不敢贸然下手；

四、永葆青春：不等年老便可进棺材了。

上述的吸烟四大好处，实际上说的是吸烟的危害，正话反说使烟民们在幽默的笑声中悟出了背后的真理：吸烟有害健康。

3. 细节法

"细节法"就是要求人们在生活中善于观察，在对问题的推理过程中发现漏洞，尤其是从反面发现细微的疏漏，将其微小的可能性当作立论的出发点。"细节法"的特点是把一个极其微小的可能性引申成现实，尽管最后不一定能防止对方提出另一种更大的可能性。

一天，英国著名的女舞蹈家邓肯给萧伯纳寄去一封热情洋溢的信。

信中这样写道："如果我们两个结合，生个孩子，那对后代来说一定是件好事，他有你那样的头脑和我这样的身材，这该是多么美妙的事情啊！"

萧伯纳在回信中表示受宠若惊，说自己不能接受这样的好意。他这样说："那个孩子的运气可能不会太好。如果他有我这样的身材和你那样的头脑，那就太糟糕了。"

4. 正题歪解

对提问无法回答、无需回答、不便回答时，故意答歪、转移视线也能产生幽默的效果。不愿做某事时，也可以采取假痴不癫、似乎不理解的态度，故意歪答以达到拒绝的目的。

《吕氏春秋》中记载了一个故事：古代没有钟表，人们根据太阳的方位来判断时间。楚国的庄伯让父亲看看太阳在什么位置时，他的父亲不想去，就回答说："太阳在天上。"庄伯又说："去看看太阳怎么样了。"他的父亲说："正圆着呢。"庄伯着急了，又说："是让你看看到什么时候了。"父亲说："就是现在这个时候。"

5. 假装糊涂

智慧有时就隐藏在假装糊涂的幽默中。在某些特殊场合，我们常会遇到一些出乎意料的事，处理不好会让人感到十分尴尬。此时，不妨假装糊涂，化解难堪。

一次，演员们拍完电影后都去浴室洗澡了。恰好这时，有人给女主角打来紧急电话，女导演赶紧去浴室找人。

片场的四间浴室都是给明星专用的，一进门是更衣间，里面才是浴

室。如果有人在里面洗澡，是听不到外面的喊声的。

导演也不知道女主角在哪间浴室，情急之下推开了第一间浴室的门，没想到却看到男主角光着身子对着门在喷头下冲洗。男主角下意识地做了一个遮挡动作。女导演急忙转身，迅速关上了浴室的门，并说："哦，实在是不好意思，王悦小姐！"导演喊出了另一位女明星的名字，浴室内的男主角也轻松一笑。

这位女导演故意用假装看错了人的糊涂做法，避免了男主角的难堪，也使自己摆脱了尴尬。

6. 巧设连环

我们都知道"请君入瓮"的典故，它的意思是指设好圈套让别人来钻。如果把请君入瓮的计谋用于幽默，将会成为一种富有意味的幽默技巧。这种幽默的特点是：用故弄玄虚的连续问或答，使对方一步步进入自己的话语圈套，创造出一种幽默的气氛，而使他人开窍。

一个考生骑驴赴京赶考。路上遇到一个放牲畜的老人家，便问："嗳，老头儿！这里离京城还有多远呢？"

老汉看他穿戴倒讲究，就是问路不下驴，说话不礼貌，心想："这算什么书生！"老人本不想搭理他，但转念一想得教训一下这个无理的年轻人，于是答道："这里离京城160亩。"书生感觉好笑，就说："喂牲口的！路程都说'里'，哪有论'亩'的？"老人家冷笑道："我们老辈人都讲里（礼），现在的后生都缺少教养，不讲里（礼）！"

书生把脸一沉说："你这个老东西，怎么拐着弯地骂人呢？"老汉说："喂牲口的老东西本来不会骂人。只是今天心里不高兴，我养的一头母驴不生驴仔，偏偏生了个牛犊。"书生不懂老人的意思，就说："你这个人真是稀里糊涂的，生来就该喂牲口。天下的驴子哪有下牛犊的道理呢？"老人家依旧耐心地说："是啊，这畜生真是不懂道理，谁知道它怎么就不肯下驴呢？"

书生听出了老人的话外之意，羞得面红耳赤，没敢再说什么，灰头土脸地走了。

故事中的老人通过曲折的暗示故弄玄虚，引着对方进入设下的圈套，书生不知不觉地上了当。

"请君入瓮"的幽默技巧能体现出一个人高超的智慧。这种幽默的一个明显特点就是，总能在与对手的较量中占据主动、先发制人。

幽默也要有尺度

在生活中，适度、得体的开个玩笑、幽默一下，可以使周围的人轻松自在，并能营造出适于交际的轻松活跃的气氛，这也是具有幽默感的人更受欢迎的原因。但是，开玩笑必须内容高雅，如果笑料过于庸俗，或开过了头，伤害了人家的自尊和感情，则适得其反。而且，开玩笑一定要注意场合、时机和环境，一定要把握好尺度。

在许多不得体的玩笑中，最忌讳的是捉弄人的玩笑。捉弄别人是对别人的不尊重，会让对方认为你是恶意的，而且事后也很难解释。所以说，捉弄人的玩笑绝不在开玩笑的范畴之内，是不可以随意乱做乱说的。更糟糕的是，如果你开玩笑的对象是一个不懂得幽默，而且有些爱较真儿的人，那么很可能会产生非常严重的后果，甚至是无法挽回的后果。

下面是发生在现实生活中的一个真实的故事。

一个年轻人考上了博士，左邻右舍、亲朋好友都前来向他道贺。这时候他收到了一个快递，里面有一封信，信是这样写的：

尊敬的××先生：

很遗憾地通知您，根据我手上掌握的证据，您在10年前的中学考试中有作弊行为。尽管我退休多年，但对此事不能坐视不管。我也不想毁掉您的生活，故而请您于10月17日18时到我家补考，如果您未能如约，我将向学校当局举报。

顺致友好问候。

你曾经的老师 XX

博士一看日历，这一天刚开就是 10 月 17 日，此刻已经下午五点一刻了。博士平时是一个非常严谨的人，从不开玩笑，对任何事情都十分认真地对待。所以，他没有把这封信当成是别人的恶作剧，而是当即决定前往老师家中去接受补考。因为，他不想因为这件 10 年前的旧事而影响自己今后的前途。

他匆忙赶到老师家门口，开始敲门。

"请进，年轻人。"老师声如洪钟，"总爱迟到的这个毛病你到现在也没改掉呀。你以前做的那件事，难道不知道我迟早会发现吗？我会给每一个犯错误的人一次机会，让他改正错误。现在地下室里有你的考卷和一些白纸，你有足够的时间答题。"老师脸上露出那种上学时博士便十分憎恶的神态。老师走在前面，年轻的博士像一个听话的小学生一样跟在后面。

接下来，意想不到的事情发生了：当他们走过壁炉时，年轻博士的手碰到了捅火钩，一闪念产之间，他一把抓起了捅火钩，然后闪电般击打在老师的头上，老人一下子瘫倒在地……

年轻的博士呆呆地站在那里，大脑一片空白。想了几分钟之后，他快步走向地下室，因为那里面的试卷必须消失。然而当他走到地下室门前，推门而入的时候，突然听见门里爆发出震耳欲聋的掌声，然后是喧闹声——一群人向他拥来，递给他一杯香槟，他们是他的同学。"你认为我们为你准备的中学考试这个玩笑好不好？你是否感到有点上当受骗？老师刚开始觉得这样做不合适，但他被我们说服了。他在那里？""……"

这个结局太意外了，尽管这种事情发生的概率微乎其微，但是却从一个侧面告诫我们：生活中，有些玩笑不能开得太过火，同时遇到别人跟我

们开一些比较过分的玩笑时，即使我们很恼火，但也要保持冷静。

关于开玩笑不要过火这件事，日本人给我们做出了一个不错的榜样。大多数时候，日本在开玩笑前都有些紧张，所以他们在开玩笑前总是要先打个招呼——以下是个笑话，然后才开始讲。或许对我们来说，认为这样做幽默的效果就会大打折扣，但日本人却会说，这个"穿靴戴帽"的过程是很必要的。因为只有这样，对方才有心理准备，才不会把玩笑和严肃的话题混淆，从而避免一些不必要的误会的发生。日本人不仅说笑话要事先预告，就是对某件事提出比较尖锐的批评时也要先讲一句"我有句难听话要说"或者"这话虽然刺耳，但是请你不要往心里去"。这样便大大降低了因玩笑或批评而引发争执的概率。

所以说，开玩笑必须要有尺度。这一原则对于职场人来说更是必须要遵守。办公室本就是一个无风也起浪的地方，哪怕是最轻松的玩笑话，也要注意掌握分寸。首先，千万不要开上司的玩笑。上司永远是上司，不要期望在工作岗位上能和他成为朋友。即便你们以前是同学或是好朋友，也不要自恃过去的交情与上司开玩笑，特别是在有别人在场的情况下，更应格外注意。其次，不要拿同事的缺点开玩笑。你以为你跟同事很熟，关系很好，便可以随意取笑对方的缺点，但这些玩笑话却容易被对方觉得你是在冷嘲热讽，假使对方又是一个比较敏感的人，你很可能会因为一句无心的玩笑话而得罪他，以致毁了两个人之间的友谊，或使同事关系变得紧张。另外，跟异性同事开玩笑也不能过分，尤其是不能在异性面前说黄色笑话，这样不仅会招致反感，还会降低自己的人格。

总之，玩笑就像是盐，适当的运用可以使菜味鲜美，但滥用的话就会使人难以下咽。习惯于乱开玩笑的人，常常会既伤害别人，又危害自己，不是惹人厌烦就是挑起是非。所以我们开玩笑一定要看对象，选时机，这样玩笑才会成为沟通中的"润滑剂"。

Part5
不着痕迹说赞美，让你更受欢迎

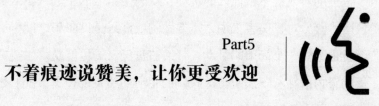

　　生活中，赞美不仅能改善人际关系，而且能改变一个人的精神面貌和情感世界。赞美的过程，也是一个沟通的过程。通过赞美，不仅可以得到对方的欣赏和尊重，还可以让自己享受到自尊、成功和愉快。

赞美是聊天时最动听的话

在现实生活中，有许许多多的人不习惯赞美他人，结果往往由于不善于赞美别人或得不到他人的赞美，从而使自己的生活缺少很多美好愉快的情绪体验。对赞美者来说，需要做的或许只是"张口之间，举手之劳"，而就是这样一个简单的举动，带给被赞美者的可能是终生美好的回忆和不懈的努力奋斗。既然赞美对我们的生活如此重要，那么我们还有什么理由吝啬对别人的赞美呢？

喜欢被赞美是人的天性之一，正如林肯说的那样："每个人都喜欢赞美的话，你我都不例外……"每个人都会因他人的赞美而得到自尊心和荣誉感的满足。

有一个朋友说过自己教育儿子学钢琴的事。儿子8岁的时候，朋友给他买了一架钢琴，但是男孩非常顽皮好动，很少会安静下来好好学习弹钢琴，朋友的妻子常常因此训斥他，然而这似乎一点也不起作用。于是，朋友开始想办法，希望儿子能喜欢上弹钢琴。

一天下午，当男孩为了应付父母随便弹了一段曲子之后正要溜走时，朋友叫住了他说："儿子，你刚才弹的是什么曲子，怎么这样好听，爸爸从来没有听过这么好听的曲子，你再给爸爸弹一遍吧。"男孩听了爸爸的话，非常高兴，便愉快地又弹了一遍。接下来，朋友又鼓励他弹了其他几首曲子，并且告诉他说这些曲子都特别好听。就这样，一个月之后，男孩弹钢琴的兴趣慢慢被培养起来了。

从那之后，每天放学回家后，男孩做的第一件事就是弹钢琴，天天如此，雷打不动。说起这件事，朋友颇为自豪。

这件事给我们的启示就是：成功的灵丹妙药就是鼓励和赞美。

赞美是对他人关爱的表达，是人际关系中一种良好的互动过程，是人与人之间相互关爱的体现。恰当运用好你的赞美，不仅会让你在社交中获得好人员，还会在工作中帮助你获得好成绩。

玛丽是美国的一位图书推销高手，她曾自信地说："我能让任何人买我的图书。"她推销图书的秘诀只有一条：赞美顾客。接下来，就让我们来看看她是怎么卖出图书的。

有一天，玛丽出去推销图书，遇到了一位气质高雅的女士。当时玛丽只是刚刚开始使用赞美这个法宝。那位女士听说玛丽是推销员后，脸色一下子就阴下来："我知道推销员都是很会奉承人的，不过我不会相信你的鬼话，你还是别浪费时间了。"玛丽微笑着说："是的，您说得很对，推销员就是专挑好听的话说，说得别人忽忽悠悠，不过像您这样的顾客却是很少的，您有自己的主见，从不会受别人的支配。"这时，玛丽细心地发现，女士的脸色开始好转，而且还问了玛丽一些问题，玛丽一一认真地给出了回答。最后，玛丽大声赞美道："您的形象给了您高贵的个性，您的语言反映了您头脑的敏锐，而您的冷静又衬托出您的气质。"女士听后开心得笑出声来，答应买一套她的书。

随着推销经验的逐渐丰富，玛丽总结出一条人性定律：没有不喜欢被赞美的人，只有不会赞美别人的人。

又有一天，玛丽到一家公司推销图书，很多员工都挑选了各自喜欢的书。大家正准备付钱时，突然进来一个人，他大声说："这些跟垃圾似的书到处都有，买它干什么？"

玛丽正准备对他微笑时，他却一个箭步冲过来说："千万别向我推销你的书，我肯定不会要，我保证不会要。"玛丽微笑着慢慢说道："您说得很对，您怎么会买这些书呢？有眼力的人都能看出来，您的文化修养和气质超凡脱俗，如果您有弟弟或者妹妹，他们一定会以您为骄傲，一定会非常敬重您。"

"您怎么知道我有弟弟妹妹？"那位先生似乎来了兴趣。玛丽说："当我看到您时，能感觉到您有一种大哥风范，谁有您这样的哥哥，一定是上帝最眷顾的人！"接下来，那位先生和玛丽聊了十多分钟，最后以支持玛丽这个妹妹为由为自己的妹妹买了两套书。

玛丽在日记中这样写道："我心里非常清楚，只要能跟我聊上3分钟，顾客不买我的书，那是不可能的。因为要改变一个人最有效的方式是传递信心，转移情绪。"她写下了一条人性定律："人是感性左右理性的动物。如果一个人的感性被真正调动了，那么他想拒绝你比接受你还要难。而要想迅速控制一个人的感性，最有效的方法就是恰如其分的赞美。"

如果公司的管理者能适时地给予员工一些赞美和鼓励，在这种充满激励的环境中，员工一定能信心大增地完成任务。相反的，如果管理者只说些打击士气的批评的话，那么就会影响员工的积极性，从而为公司的发展带来负面的影响。

千万别小看赞美这个小小的举动，它不但可以唤起人们强烈的工作热情，还可能改变他们对人生的态度，使他们对自己的人生多一个选择。因为一句赞美的话，很可能会就此改变一个人的观念和行为，甚至会改变他的命运。

同在一家公司上班的小陈和小赵素来不和。

有一天，小陈对同事小王说："你去告诉小赵，我真是受不了他了，让他改改坏脾气，否则没有人会愿意理他的！"

小王说："好吧，我会处理好这件事的。"

第二天，小陈在公司的茶水间遇到了小赵，小赵突然变得既和气又有礼，和以前相比，简直是判若两人。

小陈事后向小王表示谢意，并且好奇地问："你是怎么跟小赵说的，怎么效果如此神奇？"

小王笑着说："我对小赵说：'有很多人都称赞你，尤其是小陈，说你既聪明，脾气又好，人缘又佳！'如此而已。"

责备和批评只会带来更大的怨愤和不满。如果你的目的是为了改善状况，何不试试夸奖和赞美的方式呢？

心理学家说，男人在外面的世界和工作中寻求肯定，女人走出家庭抛头露面是为了悦人。身边的太多事实告诉我们，在与人相处的过程中，如果我们对别人表示有信心，对方真的也相信自己能够做到，那么一定会想方设法完成既定的目标，这就是赞美的力量。

赞美的话要说到"点子"上

马克·吐温说："一句赞美的话能当我十天的粮食。"这句话形象生动地说明了赞美的作用和力量。赞美是人际交往中的一剂良方，一句赞美的话能使本来办不成的事顺利办成，使本来阻止不了的行为被阻止。而且，赞美别人不仅不会贬低自己，相反还会抬高自己的人品。适当的赞美，是人际交往中不可或缺的语言艺术，正像歌德说的那样："赞美别人就是把自己放在同他人一样的水平上。"

在人际交往中，假如有人做出了一件惊天动地的大事，那么我们在和他交谈的过程中，当然不缺少赞美的素材。但是，现实生活中的绝大多数人都只是平凡的普通人，很少有人能做出惊天动地的大事，所以如果我们总是一味地去寻找别人的"大事"来赞美，恐怕会没有多少机会。其实，赞美是不分大小的，我们可以抓住别人一个细小的地方来真诚地赞美，这样同样能收到很好的效果。也就是说，赞美不分大小，只要能说到"点子"上，就能够达到想要的目的。

李可是一位设计师。一次，他受聘到一位鼎鼎有名的大律师家里设计庭园。那位律师工作繁忙，但偶尔还抽空来看一下设计师的工作。

律师是个有些挑剔的人，所以对李可的设计方案有些不满意，李可作为专业的设计师当然也有自己的考量，所以两个人因为这件事发生了意见分歧，一时间谁也说服不了谁。

　　不过，李可知道，这样下去不是办法，他必须想办法让律师认可自己的设计。

　　有一次，当律师告诉李可该在哪里种石榴花和菊花时，李可随口说道："律师先生，听说你养了许多种名狗，还在赛狗大会上包揽了不少奖项。"

　　律师听后高兴地说："是啊！谈起这件事，我就非常高兴。我现在很愿意带你参观一下我养狗的地方，你愿意去吗？"李可高兴地说："当然，我感到非常荣幸！"

　　李可跟着律师去看他养的狗，只见每一只狗都非常健康、可爱。当他们回到庭园时，律师兴犹未尽，进屋取出赛狗大会上的许多奖品和狗的血统证书给他看，并给他讲了许多如何辨别狗的血统的小知识。

　　最后，律师问李可："你家有小男孩吗？"

　　"我有一个八岁的儿子。"李可说。

　　"他喜欢狗吗？"律师继续问道。

　　"是的，他非常喜欢。"李可说。

　　"那么，我送你一只狗怎么样？"

　　李可高兴得连连称谢。

　　接着律师又告诉李可许多养小狗的方法和注意事项，话还没说完他就停下来，自言自语道："这么说你一定会忘记，还是写在纸上好。"说着，他径自进屋里去了。

　　10分钟后，他一手抱着一只价值不菲的小狗，另一只手拿着血统证书和一张打满字的纸朝着李可走来，李可真不知该怎样谢他才好。一句称赞的话，不但让大律师拿出一个半小时和自己聊天，还得到一件非常昂贵的礼物，更赢得了律师珍贵的友谊。很自然地，李可的设计方案也终于得到了律师的认可。

俗话说："打蛇要打七寸，说话要说到点子上。"事实也的确如此，只有赞美别人最在乎、最得意的东西，才能收到最好的效果。有的人喜欢别人赞美自己的能力，有的人喜欢别人赞美自己的朴素，有的人则喜欢别人赞美自己的孩子……正所谓，"萝卜白菜，各有所爱。"

人与人之间有很大的差异，看重的东西也各不相同，这就要求我们在赞美别人之前，要了解对方的喜好、禀性，这样才能"对症下药"，抓住最关键的地方加以赞美，从而更轻松地满足对方的心理需求，以达到自己的目的。

另外，在赞美别人时，还应注意以下细节：首先，在还没有确认对方的喜好时，千万不要急于夸奖对方，否则将会弄巧成拙。其次，假如对方对你的赞美有良好的反应时，不要就此结束，但必须要改变表现方式，一再地赞美对方同一个优点，可能会让对方认为这是奉承，如果再夸上几句其他的，可信度就会大大提高。然后，要用长远的眼光去审视你所赞美的对象，使自己的赞美能经受得住时间的考验。因为在生活中，"话音未落"式的尴尬并不少见，你刚夸他勇敢，他就在某件事上表现得"惊人的怯懦"。因此，在事情还没有结果时，一定不要抢先去赞美，因为事情都是千变万化的，在最后的关头失败了的事情不在少数。

借第三者的名义去赞美

俗话说："雾里看花花更美。"赞美之词未必要从你的嘴里说出来，有时候借助第三者的名义说出来效果会更好。比如，若当面直接对对方说："你看来还那么年轻。"这样不免有恭维、奉承之嫌，如果换个方法说："你真是漂亮，难怪某某一直说你看上去总是那么年轻！"可想而知，对方必然会非常高兴。

透过第三者赞美，是一种间接的赞美方式，有点曲径通幽的味道。它没有直接赞美那么快捷和浓烈，但是它显得更有诚意。

1.借助媒体赞美

当你面对媒体时，适当地赞美你的同行，是一种风度，也是一种艺术。

前广东宏远主帅陈亦明为人爽朗，心直口快，极善处理与球员、官员、球迷以及媒体的关系。记者问陈亦明："张宏根和左树声都有执教甲A的资历，如何能成为你的助手？"陈亦明先以简明之言道出了"团结就是力量"这样一个人所共知的道理，然后接着说："国内名气比我们大的不少。一个人斗不过，三个人组合就强大多了。张导是我的老师、左导是我的师兄弟，我们的组合可谓是强强联手，'梦幻组合'。"这令人不由想到那年集 NBA 所有高手的美国国家篮球队——梦之队的八面威风。他的话既进行了自我褒扬，又夸奖了张、左二人，敷己"粉"而不显白，赞他人又不显媚，显示出一种极高档的"自我标榜"及"恭维他人"的语言艺术。

借助媒体赞美，是应该注意这种"度"的把握的，用词造句都应该认真且有艺术性。

张艺谋做人很随和，做导演却极富个性。他曾这样评价自己的同班同学、另一位著名的导演陈凯歌："凯歌是个很出色的导演，我跟凯歌的特点在于：我们都保持自己的个性。这个个性你可以不喜欢，不欣赏，但凯歌从不妥协，他保持他的个性。而中国这样的导演很少。不能因为凯歌的作品没有得奖，就说这说那的，我觉得这是一种短视。"

赞美他人，能体现自己的气度，也能更有亲和力。一个善于欣赏他人的人，才能不断地完善自己。透过媒体去赞美他人，是一种很公开很正式的评价，颇有分量。

2. 通过他人赞美对方

通过他人赞美对方，有点曲径通幽之感，耐人寻味。

当着上司的面直接进行赞美，虽然是一种赞美方法，但很容易招致周围同事的轻蔑和议论。而且，这种正面式的歌功颂德所产生的效力反而很小，甚至有反效果的危险。

如果在公司其他部门，上司不在场时，你将他大力地赞美一番，这些赞美总有一天会传到上司耳中的，这样的赞美一定会让他非常受用。因为一个精明能干的上司，即使在他管不到的部门内，必定也会安置一两名心腹的。

下班后相邀去喝酒应酬，不见得全是同一部门的事，这种情况下，即使是一句不经意的赞美，也很容易被扩大渲染而传到上司的情报网。因此你无妨也利用这些"网"，让赞美的言辞流传出去。

"人各有所长"，针对上司的长处、优点大加赞美，这将有益于你的晋升。

在一般人的观念中，总认为"第三者"所说的话比较公正、实在，使人觉得很有诚意，很有真实感。因此，以第三者的口吻赞美对方，更能得到对方的好感和信任。

1997 年，金庸与日本文化名人池田大作展开了一次对谈，对谈的内容后来被辑录成书出版。在对谈刚开始时，金庸表示了谦虚的态度："我虽然跟过去与会长（池田）对谈过世界知名人士不在同一水平，但我很高兴尽我所能与会长对话。"池田大作听后赶紧说："您太谦虚了。您的谦虚让我深感先生的'大人之风'。在您的 72 年的人生中，这种'大人之风'是一以贯之的，您的每一个脚印都值得我们铭记和追念。"就到这，池田请金庸用茶，然后他接着说："正如大家所说'有中国人之处，必有金庸之作'，先生享有如此盛名，足见您当之无愧是中国文学的巨匠，是处于亚洲巅峰的文豪。而且您又是世界'繁荣与和平'的香港舆论界的棋手，正是名副其实的'笔的战士'。《春秋·左传》有云：'太上有立德，其次有立功，其次有立言，是之谓三不朽。'在我看来，只有先生您所构建过的众多精神之价值才是真正属于'不朽'的。"

在这里，池田大作主要采用了"借用他人之口予以评价"的赞美方式，无论是"有中国人之处，必有金庸之作"，还是"笔的战士"、"太上有立德……是之谓三不朽"等，都是舆论界或经典著作中的言论，借助这些言论来赞美金庸，既不失公允，又能恰到好处地给对方以满足。

假借别人之口来赞美一个人，可以避免因直接恭维对方而导致的吹捧之嫌，还可以让对方感觉到他所拥有的赞美者为数众多，从而心里获得极大的满足。

因此我们要善于借用他人，特别是权威人士的言论来赞美对方，达到间接赞美他人的目的。权威人士的评价往往更具说服力，因此引用权威言论来赞美对方是最让人感到骄傲与自豪的，如果没有权威人士的言论可以借用，借用他人的言论也会收到不错的效果。

赞美有度，才更真实

赞美他人，无论是当面直接赞美，还是委婉含蓄地间接赞美，都应该让自己的赞美之词显得自然一些，切不可矫揉造作。赞美是为了让对方体验到被肯定的感觉，如果用词不把握分寸，很可能会适得其反。比如说，当面直接赞美时最好不要使用那些过分夸张的语言，而要使用准确得体又优雅大方的语言。而含蓄地赞美时，则要语句清楚，切忌犹犹豫豫，支支吾吾，这样会显得缺乏诚意。

总之，真诚的赞美是恰到好处的，不要过分夸张，也不可言词不清。正如一个气球吹得太小不好看，吹得太大又容易爆炸，所以赞美应适度而止。下面为大家介绍几种适度赞美的小方法：

1. 有比较性地进行赞美

有比较性的赞美，可以让对方更清楚地意识到自己的优点，也会对你的赞美深信不疑。

有一次，汉高祖刘邦与韩信谈论诸将才能高下。刘邦问道："你看我能指挥多少兵马？"韩信回答："陛下至多能指挥十万兵马。"刘邦又问："那你能指挥多少兵马呢？"韩信自豪地回答："臣多多益善耳。"刘邦笑道："既然你带兵的本领比我大，却为什么被我控制呢？"韩信很诚实地说："陛下不善于指挥兵，但善于驾驭将，这就是我被陛下控制的原因。"

刘邦自己也曾说过，带兵打仗，他不如韩信。这是他做了皇帝以后对自己的评价。韩信的赞美，首先肯定了刘邦控制大臣为自己效命的能力，但又指明了他在带兵作战方面与自己相比有不足之处，正与刘邦的自我评价吻合。话说得很实在、很坦诚，所以刘邦非但没有生气，反而对他的诚实很满意。其实这时候，韩信与刘邦关系已经有些紧张，如果韩信违心地恭维刘邦，调兵遣将无所不能，恐怕刘邦会怀疑他在吹捧、麻痹自己。

2. 赞美时可以根据对方的优点、缺点，提出自己的希望

金无足赤，人无完人。真诚的赞美应该既看到对方的优点和长处，同时也要看到对方的弱点和不足，即讲究辩证法。常言道"瑕不掩瑜"，所以说，指出对方的缺点和不足，并提出一定的希望，不仅不会减少赞美的力度，相反还会使你的赞美显得真诚、实在，更易于被人接受。尤其是领导称赞下属时，要有一是一、有二是二，把握分寸，有所保留，应该多用"比较级"，千万慎用"最高级"。比如说，在表扬下属时，可以把批评和希望提出来，以防被表扬者尾巴翘得老高，不利于进步，也不利于其他下属接受。

这种有所保留的赞美也可用于下级向领导"进谏"时，先称赞其领导能力，再委婉指出其不足，这样既照顾了领导的面子，也使领导易于接受。

刘局长是一位刚刚提拔上来的新领导。一次生活会上，他要求大家提提意见。大多数人碍于面子，也怕得罪局长，所以都没抻这个头。最后，处里的"元老"老张说："局长您到局里后，可谓大刀阔斧进行了改革，处里的工作现在已有了头绪。大家比以往更团结，成绩也是有目共睹。只是最近大家手头有点儿紧张，希望刘局长能给大伙解决一下。"刘局长听后，意识到该给大家搞些生活福利，采取一些措施了。

老张可以说是提意见的高手。他先肯定刘局长上任后的成绩，使领导

心里美滋滋的，然后再轻描淡写地提出大伙的意见。这种方式，容易使领导意识到自己成绩是主要的，是值得大家交口称赞的，而不足只是次要的。既不得罪他，又激起了他改进不足的积极性。

真诚的赞美不应该总是绝对化。像"最好""第一""天下无双"这类帽子别到处戴。有个企业的广告词说："没有最好，只有更好。"这就显示了企业的真诚承诺，而不是哗众取宠、华而不实，因此这句口号在消费者中影响很好。

事实上，一般人都对自己有个客观的认识和评价，如果你的赞美毫无遮拦，就会让人感觉你是在曲意奉承，难以接受。因此，赞美别人，应当一分为二，有成绩肯定成绩，有不足也要说明不足，控制好赞美的度。

现代社会，已日益打破了各自的封闭状态，进入了一个生动活泼的、互相联系的时代。每个人都需要交际，都希望自己成为赞美能手，使自己广交朋友，成为受欢迎的人。那么，就请记住，赞美首先要真诚，真诚就要有所保留，而不是全盘肯定。你可以大谈对方的优点、长处、成绩，不谈其不足，也可以既赞美又批评，还可以提出你的希望。无论采取哪种方式，都要掌握好分寸，把握好"度"。

学点赞美技巧，让你更受欢迎

赞美别人是一件好事，但绝不是一件易事。赞美时如不审时度势，不掌握一定的赞美技巧，即使你是真诚的，也有可能会好事变坏事。所以，开口前我们一定要掌握一些赞美的技巧。

1. 赞美要因人而异

人的素质有高低之分，年龄有长幼之别，因此，因人而异，突出个性，有特点的赞美比一般化的赞美能收到更好的效果。老年人总希望别人不忘记他"想当年"的业绩与风采，所以在与他们交流时，可以多称赞他们引为自豪的过去；与年轻人交流，不妨稍为夸张地赞扬他们的创造才能和开拓精神，并举出几点实例证明他的确能够前程似锦；与经商的人交流，可称赞他们头脑灵活、生财有道；与有地位的人交流，可称赞他们为国为民、廉洁清正；与知识分子交流，可称赞他知识渊博、宁静淡泊……当然这一切要依据事实，切不可虚夸。

2. 赞美要情真意切

虽然人都喜欢听赞美的话，但并非任何赞美都能使对方高兴。能引起对方好感的大多是那些基于事实、发自内心的赞美。相反，你若无根无据、虚情假意地赞美别人，对方不仅会感到莫名其妙，更会觉得你油嘴滑舌、诡诈虚伪。例如，面对一位其貌不扬的小姐，你却偏对她说："你真是美极了。"对方立刻就会认定你所说的是虚伪之至的违心之言。但如果你着眼于她的服饰、谈吐、举止，发现她这些方面的出众之处并真诚地赞美，她一定会高兴地接受。真诚地赞美不但会使被赞美者产生心理上的愉悦，还可以使你经常发现别人的优点，从而使自己对人生持有乐观、欣赏的态度。

3. 赞美要翔实具体

在日常生活中，人们有非常显著的成绩的时候并不多见，因此，交往中应从具体的事件入手，善于发现别人哪怕是最微小的长处，并不失时机地予以赞美。赞美用语愈翔实具体，说明你对对方愈了解，对他的长处和成绩愈看重。让对方感到你的真挚、亲切和可信，你们之间的人际距离就会越来越近。如果你只是含糊其辞地赞美对方，说一些"你工作得非常出色"或者"你是一位卓越的领导"等空泛飘浮的话语，很可能会引起对方的猜度，甚至产生不必要的误解和信任危机。

4. 赞美要合乎时宜

赞美的效果在于相机行事、适可而止，真正做到"美酒饮到微醉后，好花看到半开时"。当别人计划做一件有意义的事时，开头的赞美能激励他下决心做出成绩，中间的赞美有益于对方再接再厉，结尾的赞美则可以肯定成绩，指出进一步的努力方向，从而达到"赞美一个，激励一批"的效果。

5. 赞美最好雪中送炭

俗话说："患难见真情。"最需要赞美的不是那些早已功成名就的人，而是那些因才华被埋没而产生自卑感或身处逆境的人。他们平时很难听到一句赞美的话语，一旦被人当众真诚地赞美，便有可能振作精神，大展宏图。因此，最有实效的赞美不是"锦上添花"，而是"雪中送炭"。

此外，赞美并不一定总用一些固定的词语，有时候，投以赞许的目光、做一个夸奖的手势、送一个友好的微笑也能收到意想不到的效果。

6.当众赞美效果好

对于有成就、贡献突出的下属，应当在全体员工大会上进行表扬，这是许多管理者经常采用的一种激励方式。事实证明，这种激励方式虽然简单，但它产生的效果却十分明显。为什么呢？因为人的社会性决定了每个人都希望自己能够得到他人的肯定与社会的承认。上司在特定场合对他的表扬，便是对他热情的关注、慷慨的赞许和由衷的承认。这种关注、承认，必然会使他产生感激不尽的心理效应，乃至视你为知己，更加爱报效于你。同时，这种表扬，能够激发其他下属的上进心，从而努力进取为公司创造更大的效益。

管理者绝对不能忽视对员工，特别是有一技之长、独当一面的员工的公司感情的培养。如果要笼络住他们，就要在他们取得一些成绩时给予他们充分的肯定，在比较大的场合上进行表扬、鼓励。

掌握了上在这些赞美的技巧，然后在生活中、工作中不断地反复练习，相信你很快就会成为社交场中受人欢迎的人。

赞美时加点"料"，效果会更好

假如我们一日三餐都用一碗白面条对付自己的胃，一天、两天或许还可以，时间长了我们的胃肯定会"闹革命"。这时候，如果我们在白面条里面加入一点佐料，如牛肉丝、西红柿汤、葱花等，那么一碗让人感到厌烦的白面条或许就会立刻变成世界上最可口的佳肴。

同样的道理，赞美的话虽然人人爱听，但"千篇一律""老生常谈"的那些话用多了，恐怕只会引起对方的反感。因此，如果能在赞美的话中加上一些"新意"，作为调料，那么赞美之术就趋于完善了，而这样的赞美之词也更能打动人心。

1. 赞美时用点新颖的语言

赞美是所有声音中最甜蜜的一种，赞美应该给人一种美的感受。新颖的语言不仅有魅力，而且有吸引力。简单的赞美也可能是振奋人心的，但是一种本来是不错的赞扬如果多次单调重复，也会显得平淡无味，甚至令人厌烦。一个漂亮的女人曾这样说过，她对别人反复告诉她，她长得很漂亮已经感到很厌烦，但是当有人告诉她，像她这样气质不凡的女人应该去演电影，给世界留下一部电影拷贝的时候，她会心地笑了。

毛阿敏在哈尔滨演出时，《当代大舞台》的节目主持人是这样将她介绍给观众的：

主持人：请问毛阿敏小姐，您是从哪里来的？

毛阿敏：哦，我从北京来。

主持人：您像一只美丽的蝴蝶给冰城哈尔滨带来了欢乐，请问这次能作几日停留呢？

毛阿敏：呵呵，五日。

主持人：我们冰城的朋友热烈欢迎您的到来，但愿您与《当代大舞台》永不分手！

主持人巧借毛阿敏的成名歌曲《思念》来向她发问，亲切而诙谐，同时也激起了演唱者与观众的热情，创造了良好的舞台气氛。

如果主持人用的只是公式化的套词俗语，那么观众会觉得乏味，毛阿敏也可能会腻味。妙语连珠的赞美，既能显示赞美者的才能，也能使被赞美者快乐地接受。

2. 独特的角度

一些人在公共场合赞美别人时，想不出怎样赞美，只能跟着别人说重复的话，附和别人的赞美。常言道："别人嚼过的肉不香。"

每个人都有许多优点和可爱之处。赞美要有新意，当然要独具慧眼，善于发现一般人不能发现的"闪光点"和"兴趣点"。即使你一时还没有发现更新的东西，也可以在表达的角度上有所变化和创新。

比如说，对一位企业家，你最好不必称赞他如何经营有方，因为这种话他听得多了，已经成了毫无新意的客套话。倘若你称赞他目光炯炯有神，风度潇洒大方，他反而会更受感动。

法国某将军屡战屡胜，有人称赞他："您真是个了不起的军事家。"他无动于衷，因为他认为打胜仗是理所当然的事。而当那人指着他的髭须说："将军，您的髭须真可与美髯公相媲美。"这次，将军欣然地笑了。

赞美的角度很重要，新颖的角度将起到事半功倍的效果。

著名节目主持人白岩松去采访一位知名学者，老学者正卧于病榻，对采访并不热心。白岩松提出的第一个问题却是，请他谈谈毛主席接见红卫兵时他鞋子被挤掉的事儿。这个出乎意料的问题使老学者十分激动，竟一口气谈了好几个小时，而这也让白岩松顺利地完成了采访计划。

白岩松找到了一个很好的角度，顺利打开了老学者的话匣子。正如每把锁都会有相应的钥匙，每个人都有其独特之处，先要把握好"点"，把握好角度，才能沟通得轻松顺畅。

3. 新意的表达方式

赞美他人，在表达方式上是可以推陈出新，另辟蹊径的。

富兰克林年轻时，在费城开了一家小小的印刷所。当时，他参加了宾夕法尼亚州议会的选举。在选举前夕，困难出现了。有个新议员发表了一篇很长的反对他的演说，在演说中，这位议员把富兰克林贬得一文不值。遇到这么一个出其不意的敌人，是多么令人恼火！该怎么办呢？富兰克林自己讲述道："对于这位新议员的反对，我当然很不高兴，可是，他是一位有学问又很幸运的绅士。他的声誉和才能在议会里颇有影响。但我绝不对他表现一种卑躬屈膝的阿谀奉承，以换取他的同情与好感。我只是在隔数日之后，采用了一个别的适当的方法。我听说他的藏书室有几部很名贵又很少见的书，我就写了一封短信给他，说明我想看看这些书，希望他慨然答应借我数天。他立刻答应了。"

富兰克林用一种不露痕迹的赞美方式，赞美新议员，恰如润物细无声。

表达赞美的方式有很多，要针对不同人、不同场合、不同时间选择最为恰当的方式，这样才能取得最佳的赞美效果。选择赞美方式时，既要考虑表达方式的新意，又要考虑对方的感受及最后的效果，综合性去思考，将会找到最适宜的表达方式。

Part6
掌握批评的艺术，让良药不再苦口

批评之所以为一门艺术，在于它并非只要满足某些既定的条件即可得到某种确定的结果，而更多地取决于一些微妙甚至难以言传的感应和领悟，特别注重对于批评对象、时机、场合和方式的选择。所谓"运用之妙，存乎一心"，对批评艺术的巧妙运用可以达到事半功倍的成效。

忠言更要"顺耳"

不管是伟人还是平凡人，都是不喜欢被人批评，哪怕心里明明知道别人批评自己是爱护自己，对自己有帮助的，但"面子"上还是会"挂不住"。因此，一个高明的口才高手往往在不得不批评他人时，尽量运用一些技巧把逆耳的忠言说得动听，使被批评的人在心理上更容易接受。

俗话说，"良药苦口利于病，忠言逆耳利于行。"话虽如此，但是大部人都有本能地排斥别人批评的心理，这是人性的弱点。但如果我们在批评的时候能够用更易于对方接受的方式去进行，相信一定会收到不错的效果。

新婚后不久，小李就发现妻子经常满脸忧郁，像林黛玉似的满怀心事。

"你为什么总是不快乐呢？你看，今天天气多好呀！如果你笑一笑，我想你那些莫名的烦恼就会消失不见的。"诸如此类的话，小李经常对妻子说，可妻子每次听后，都满脸不高兴。显然，她听出了小李话语中隐含的批评之意。

为了帮妻子改掉忧郁的毛病，小李决定换一种方式。一天，他对妻子说："我给你讲一个故事吧。"妻子点点头。

一天，有个过路的神仙发现一位年轻人正对着一块巨石发笑，就忍不住上前问道："年轻人啊，这里有什么东西值得你笑呢？"

"哦，这里没有什么东西令我发笑。我笑是因为我把笑当作一种愉快的运动。"年轻人回答说。

"笑是一种愉快的运动？"神仙有些纳闷。

"是的，当我轻声笑时，能使咽喉、胸隔膜、腹部、心脏、两肺，甚至两肝都能获得一次短暂的运动；当我捧腹大笑时，它还能牵动脸部、手臂和两腿肌肉的运动。"年轻人愉快地说。

"年轻人，我还是有点不相信你的话。"神仙说完，转身走了。他身后，又传来年轻人哈哈大笑的声音。

若干年后，神仙又路过那里，发现一位老者正站在那里发笑，就又走上前去想问个究竟。可当走到那老者跟前时，神仙惊呆了，原来这位老者就是多年前的那个年轻人。这时老者也认出了神仙，他微笑着说："你好！我们又见面了。"

"是的，我们又见面了，可这中间相距了80年，现在你应该超出100岁了吧。"神仙问。

"108岁了。"老人笑着说。

"我丝毫也看不出你有衰老的迹象，你的身体为什么还如此硬朗？"神仙问。"我之所以如此健康，就是因为我常年坚持笑。"老者笑着说。

自从给妻子讲过这个故事后，小李发现妻子慢慢地变得开朗活泼了，她的脸上开始有了笑容，以前那种病怏怏的样子已经慢慢消失不见了。

不难想象，假如小李直截了当地对妻子说："你应该改改沉默寡言、不苟言笑的毛病了，这样多不好啊！"毫无疑问，这样的批评只会引起妻子的反感和恼怒，恐怕不仅不会让妻子改正缺点，还有可能引发一场"战争"。而小李用故事的方式，让妻子在轻松、娱乐中不知不觉接受了自己的观点，这样的批评效果反而更好。

由此可见，当你想批评某人或是希望某人接受你的意见时，也不妨试一试这种方法。

先扬后抑，批评讲方法

现实生活中，很少有人愿意听到批评的话。但是，一些高明的说话者却能充分运用语言的魅力，把批评的话语不露痕迹地说出口，使接受者在心悦诚服的同时，还能立即改正自己的不足。那么，这些口才高手的高明之处在哪里呢？答案很简单，那就是把批评的话语含蓄、委婉地表达出来。

唐太宗李世民是中国历史上少有的英明君主，同时也是一位卓有成就的军事家和政治家。李世民在位二十三年，他开创的"贞观之治"为唐朝空前的强盛和繁荣奠定了坚实的基础，成为中国封建社会的一个"黄金时代"。

当然帝王也是人，自然有也喜有怒。而且人无完人，作为一代明君唐太宗自然也有听不进别人意见的时候。

有一次，李世民早朝之后回到后宫，满脸怒气，狠狠地说："有机会非杀掉这个乡下佬不可！"

长孙皇后听后顿生疑虑，连忙问他要杀掉谁，李世民说："魏征，他一次又一次当着那么多大臣的面批评我，让我下不了台！"

不料长孙皇后听到这，反而很高兴，而且立即穿上参加大典的时候才穿的衣服，站在屋子中央，向李世民道喜。李世民见状，十分惊讶，于是问道："皇后这是干什么？"

"我听人说，君主英明，臣就正直。现在魏征如此正直，正是说明陛下英明啊！我岂敢不恭贺！"长孙皇后微笑着回答。

李世民听后恍然大悟，转怒为喜。

在这则故事中，长孙皇后巧妙地运用了"激后扬先"的批评技巧。聪明的长孙皇后知道，如果直劝，正在气头上的李世民不仅不会听劝，相反还很有可能会被激怒。因此，长孙皇后顺着李世民的心理，指出"君主英名，臣就正直"的常规道理，然后运用反推的方法，通过魏征敢于直面纳谏，得出"臣正直，陛下必然英名"的结论，从而使得李世民不得不接受这一结论，并且在接受的同时反思自己，最终豁然开朗。

对于处于狂热或者震怒之中而一时意气用事犯了错误的人，要想帮助其改正错误，达到批评的目的，不妨学一学长孙皇后的技巧。

首先，运用夸张作为一服降温消气的清醒剂，给头脑发热的人降降温。因为，比较反常的夸张行为往往容易引起当事人的疑问、好奇心和反省，从而迫使当事者由狂热转入冷静思考。如果批评者再趁着这个时机进行巧妙的引证、巧妙的推理和说服，就会产生预期的效果。

某企业有位电器产品推销员，有一天这位推销员来到一家新近发展的客户厂家，准备向他们再推销一批产品。不料，他一进门就受到这家企业总工程师的严厉责备："我正想找你退货呢，你们公司的产品都是这么劣质的吗？"推销员心里十分诧异，但是尽管如此他还是没有表现出来他的迷惑，仍然毕恭毕敬地问道："是不是出了什么问题，总工程师先生？"

总工程师十分气愤地说："你们的产品在工作的时候达不到标准，电机所散发的热量超过标准的热度。"

推销员反应十分迅速，立刻站到对方的立场上说："既然是这样，那

么这款产品怎么能继续用下去呢？"他帮着总工程师愤愤不平起来。

总工程师见推销员也赞同自己，于是缓和了语气，但是仍然生气地说道："所以，我们公司要求退货。"

推销员知道在这种情况下，只有顺着对方的思路，才能打消对方的怒气，只有等对方的情绪平静下来，才容易说服对方，反败为胜。于是他接着说道："这是合理的要求。这批产品应该退掉，这是我们厂家的质量问题。我们应该负责。"

听到推销员没有推卸责任，总工程师的怒气消了大半。

这时候，推销员话锋一转，接着问道："你们车间的温度大概是多少？"

"大约24℃。"总工程师回答。

"那么你摸电机的时候觉得很烫吗？"推销员接着问道。

"不是很烫。"

听到这，推销员笑着说："这就对啦！车间室温是24℃，再加上电机工作时允许达到22℃，那么就是说温度在46℃的范围内都是正常的。46℃的温度足以把手烫伤。但是实际上你在摸电机的时候，手没有烫伤，说明电机根本没有达到46℃呀！"

这一席话起到了点拨的作用，使得总工程师明白了问题所在。

在这件事情当中，推销员同样使用了顺着对方心理进行诱导的方法，运用事实和数据作为推理引证，对总工程师进行了反批评，使得对方最终心服口服。最后反败为胜，不仅说服了总工程师，而且又获得了一批产品订单。

还有一个例子。

俄国十月革命刚刚胜利的时候，很多农民怀着对于沙皇的刻骨仇恨，要求坚决把沙皇住过的皇宫给烧掉。政府部门向农民做了很多的工作，结果没有一点效果。最后，列宁亲自出马，向农民进行解释和说服的工作。首先，列宁顺着农民的思路，对农民们说道："你们烧房子可以，但是在烧房子之前，让我讲几句话，可以不可以？"

农民一看列宁都答应他们可以烧房子了，于是便回答说："可以"。

"沙皇的宫殿是谁造的？"列宁向农民问道。

"房子是我们造的。"农民们想了想说道。

列宁于是又问农民："那你们还要不要烧掉自己盖的房子？"

农民们理屈词穷，觉得列宁的话很有道理，于是说："不烧了。"

列宁在处理这件事情的时候，同样运用了"顺"的诀窍，通过反问的方式，对农民进行了批评教育。

由此看来，批评之前，不妨先赞美、表扬他几句，使对方的紧张情绪慢慢消除，而后再和颜悦色地说上几句批评的话，甜中带苦，使对方心悦诚服，可以达到意想不到的批评效果。

批评要对事不对人

"何谓人事，不过是做人和做事的人而已。"这是一位多年从事人事工作的人曾经说过的话。这一准则尤其适用于作为领导去使用。作为领导，在批评下属的时候，一定要对"人"和"事"有清楚的认识，否则就会发生因人废事或因事废人的情况。

"小孙，你难道就不能多花点心思在工作上吗？你真是让我太失望了。"主管大声呵斥道。

"怎么了，主管？我一直在努力地干呀！"小孙明显对主管的这种批评很不接受。

"努力？你这还叫努力？我说你根本就是心不在焉。你若是能少花点心思在你那帮酒肉朋友身上，安心坐下来想一想你下一步的工作，我就谢天谢地了！"主管不依不饶。

"这是我的私生活，应该不在你管辖的范围之内吧！"小孙被主管的话激怒了。

这位主管在评价员工的工作时，把他的工作表现与他的个性、交友习惯联系起来进行批评，结果导致双方都陷入窘境。员工会觉得主管过于霸道，连私人生活都要干涉。如果自己工作做得不好，主管可以指明错在哪里，让自己纠正，但没有必要把工作与自己的个人问题牵连起来。所以说，这种批评的方法不仅不会起到教育员工的目的，还有可能使员工产生抵触情绪。

虽说事情都是人做的，但在批评别人时，还是要尽量对事不对人。俗话说："江山易改，本性难移。"要想改变一个人的性格和生活习惯，虽然不能说不可能，却是非常困难的。如果案例中的主管能把批评的重心放在员工的工作错误上，而不是他的个性以及私人生活方面，事情至少还有回旋的余地。

人的行为是人的主体作用于外部环境的具体表现。由于行为的不同，表现在行为的结果上也就会有成功或失败。惩罚的目的是为了帮助行为的主体端正认识，转变态度，纠正偏离组织目标的行为。因此，管理人员进行批评应以下属在特定时间、特定空间的行为为批评对象，而不应该将下属本身作为批评对象。

对事而不对人的评价工作要求领导者首先找出工作中需改变的具体行为。例如：不精确的数据、不够详细的具体措施、错误的构思等。因为领导进行批评的目的是要解决问题，是为了今后把事情办好。只要错误得到了改正，问题得到了解决，批评就是成功的。因此，领导者必须首先弄清事情的来龙去脉，据此同下级一起分析问题的成败得失，做到以理服人。由于对事不对人，下级会积极主动地协助领导解决问题。否则，不分青红皂白，撇下问题而教训人，就容易感情用事，使下属误以为领导在蓄意整人进而结了思想疙瘩，一时难解。只有当惩罚的执行者和受罚者双方都把惩罚看作是对行为的反应时，双方的感情才会融洽，改正错误和帮助其改正错误的态度和决心才会坚决。

其实，人和事本是统一的。俗话说："事在人为。"具体的事都是具体的人做出来的，所以纠正了问题也就等于批评了当事者。因为这种方式对事情是直接的，但对人却是间接的，它形成了"上级（批评者）—问题

（要解决的事）—下级（被批评者）"这样一个含有具体中介物的结构。因为这样做言之凿凿，使下级无法抵赖和回避，容易被人接受。抽掉中介，直接对人，当事人就可能吃不消。

对下属的批评应当客观而公正，这是有效批评的最基本的原则。但有些领导往往并不重视这一点，他们在某些犯错者面前怒不可遏，冲动之下偏颇的话往往是不假思索地脱口而出，使卜属万分尴尬、沮丧。

问题是这种批评必须是针对工作的，而绝不能损伤他人的人格，要追究失败的原因，促使他本人反省，从失败中吸取教训，作为下次行为的借鉴，然后迈向成功。

当然，澄清了事实也并不等于解决了下级思想上的问题。接下去的工作应是凭事实摆道理，只要是正确的，就不会令人不服。在批评之后，或者在会议结束时，要让你的下属清楚自己有改进的责任。你可以让他对自己要怎么改正，以及在什么时候完成任务作出具体的承诺，并且对其间将要遇到的困难作出初步的预测。

运用"对事不对人"的技巧进行批评，既解决了问题，又团结了下属，真正达到了批评工作的目的。说到底，"对事不对人"力求实现的就是从本质上解决问题，通过事实做人的工作，而在感情上对批评者说来却是委婉的，可以接受的。

点到为止让批评更有效

批评之所以会遭到拒绝，或者令对方产生逆反心理，主要是由于批评者不了解当事人的处境而使其感到非常委屈，或者是批评者的权威性立场暗示当事人的愚昧或笨拙而引起其反感。所以，诚恳的批评应该避免上述的错误。

心理学研究表明，任何人都不想把自己的错误或者隐私暴露于公众面前，一旦被大家知道，当事人会感到非常尴尬和恼怒。因此，在日常交际中，如果不是出于特殊的需要，我们尽量不要碰触对方的敏感区，避免令对方当众出丑。在需要指出时，我们尽可能委婉地指出对方已知的错误或者隐私，这样就足以给他造成很大的压力了。但一定记住：不可过分，点到为止。

英国19世纪政治家查士德斐尔爵士曾这样告诫他的儿子："要比别人聪明，但不要告诉人家你比他更聪明。"

有一个年轻的纽约律师，有一次有机会参加一个重要案件的辩论。这个案件关系到一大笔钱和一项重要的法律问题。在进行激烈的辩论时，一位最高法院的法官对年轻的律师说："海事法的追诉期限是6年，对吗？"年轻律师先是一愣，然后看看法官，坦率地说："不是，法官先生，海事法是没有追诉期限的。"

年轻的律师后来对他的一个朋友说："当时，整个法庭立刻变得鸦雀无声，似乎连呼吸都无法听到。虽然我是对的，他错了，我也如实地指了出来，但他没有因此而高兴，反而脸色变得铁青，让人望而生畏。尽管法律站在了我这边，但我已经铸成了一个大错，竟然当众指出一位声名远扬、学识渊博的法官的错误。"

这位年轻的律师的确犯了一个"比别人正确的错误"，为什么在指出别人的错误时，不能采用一些更高明的做法呢？所以，永远不要这样说话："等着瞧吧，你会知道谁是谁非的。"其实，这等于是在说："我会改变你的看法的，我是更聪明的人。"从实质上说，这是一种挑战，在你还没有准备证明对方的错误之前，他已经做好了迎战的准备。我们又何必给自己制造这样的困难呢？

在你指出别人的错误时，尽管只是一个轻视的眼神、一种不屑一顾的腔调或者一个看不起的手势，都有可能带来极坏的后果。你以为对方会认同你的意见吗？根本不会！因为你否定了他的智慧和判断，践踏了他的自尊和人格，还伤害了你们之间的感情。他不但不会感激你的高见，反而会坚持自己的看法并进行强烈的还击。这时候，即使你搬出柏拉图的逻辑也于事无补了。

所以，为构建和谐的人际关系我们应该多想出一些更好的批评办法，使我们的批评更容易让人接受。

批评讲原则，对方易接受

批评只有讲究原则性才能收到良好的效果。恰当的批评不但能使对方心悦诚服，愉快地接受并改正错误，同时还能使对方受到鼓励，从而在以后的工作和生活中做得更好。接下来告诉你三个基本的批评原则，灵活运用的话能使你的批评更有效。

1. 分场合批评

人人都爱面子，谁都不想在外人前丢面，不希望别人看自己的笑话。所以说，为什么不能平心静气地把问题提出来，让对方自己认识到错误并不断反思改进？这样不是更好吗？

比如说，一位部门经理带领下属去拜访顾客。在拜访过程中，当领导发现下属的言谈举止存在很大问题时，最好不要当着顾客的面进行批评。高明的领导者在这时候会帮下属掩饰缺点，而在拜访结束后没有第三者在的时候再对下属提出批评，这才是绝妙的时机，效果也会更好。

2. 提出建设性的意见

积极的批评是在展开批评的同时提出一些建设性的意见，这种建设性的意见可以削弱批评中的否定因素，使被批评者不会在批评中感受到太多的不快，而且能主动放弃原来的想法接受你的意见。

王大妈年轻时就守寡，历尽千辛万苦把两个女儿和两个儿子拉扯成

人。子女们纷纷成家立业，平时工作一忙起来就没时间回来陪伴王大妈了。王大妈独守空巢，整天郁郁寡欢，特别是在生病的时候，子女不在身边，更让她感到很伤心。社区赵主任了解到情况后，联系了王大妈的四个子女，商量解决老人的赡养问题。赵主任对几个子女说："我知道你们几个平时工作起来都很忙，但是作为子女，每个人都有赡养老人的义务。你们商量下，能不能克服一下各自的困难轮流照顾一下你们的母亲？如果确实抽不出时间的话，最好商量一个可行的办法解决她的生活问题。"

就这样，在赵主任的协调下，王大妈的四个女子都意识到了自己的错误，于是都表示，一定会抽时间时间来看望和照顾母亲。

赵主任没有直接指出四个子女不照顾老人的错误，而是首先肯定了大家工作繁忙的事实，接着提出了建设性的意见："能否轮流照顾？"这样的批评容易被大家接受，同时又指出了解决问题的办法。当然，最后也达到了预期的效果。

3. 表扬在先，批评在后

好的批评氛围能为批评取得良好的效果。如果在批评对方之前先赞扬对方的长处，肯定对方的价值，满足对方的心理需求，那就就可以创造一个良好的批评氛围。这样的氛围一方面可以削弱批评本身难以令人接受的程度，另一方面也可以使被批评者不致产生强烈的逆反心理。

摄影记者小叶平时做事粗枝大叶、马马虎虎，他经手的稿件里总会出现这样那样的错误。总编批评他说："小叶啊，你做的稿件总能站在一个全新的角度，这一点对于年轻人来说是非常难得的。但如果你能在撰写稿件时注意一些错别字、标点符号的使用规范的话，你的稿件就更完美了。"小叶听完总编的话后，丝毫没有被批评的感觉，而是很虚心地接受了他的意见。此后，小叶在工作中精益求精，时时刻刻注意稿件中的错字和标点。在年终的表彰大会上，小叶获得了"优秀记者"的称号。

由此可见，讲究原则的批评才能更好地收到预期的效果。

以静制动，后发制人

对于一些自作聪明的人，在批评他们的时候，不必与其争执辩论，这样通常会激起他们更大的反感。这时候，不如采用以静制动，后发制人的方法，这样不仅可以给对方一些反省的时间，也能让场面不至于弄得太过尴尬和难堪。

有个学生很调皮，上课总是爱讲话，弄得老师都很不高兴。有一天上数学课时，这个学生又在下面说话，数学老师说了他几句，他不仅不听，反而跟老师顶嘴。这件事被班主任知道了，下午自习课的时候，班主任把他叫到了办公室。

其实，因为上课总讲话这件事，班主任已经批评过他几次了，可是他却一直没改，依然如故。这一次，班主任决定换一种批评的方式，好好教育教育他。

来到办公室之后，班主任让他站在一旁，然后就开始忙手里的教案，没再跟他说一句话。刚开始，学生站在那里，满脸的不服气，似乎在等着班主任的训斥，但班主任一直没有说话，这让他有些摸不着头脑了。半小个时过去了，班主任依然在埋头整理教案，没跟他说一句话，学生有些不知所措了。一个小时过去了，班主任还是一句话没说。在这种被冷落的气氛里学生渐渐产生了心理压力，他开始有一点点后悔了。

在自我反省中，学生自觉体会到班主任对此事的态度。最后，等班主任打破沉默的时候，他的口气明显软了下来，心服口服地认错了。

　　这位班主任有意设置的沉默气氛使学生感受到了他的不满和责备，从而造成了学生的心理压力，最终迫使其进行了反省。正所谓，此时无声胜有声，这种批评方式可谓微妙而有效。

　　俗话说："人不可貌相，海水不可斗量。"但现实生活中总有些人在做人做事时总是会格外注重对方的外表，在他们看来，外表似乎就代表着一切。殊不知，"包子有肉不在褶上"，如果总是"狗眼看人低"，很可能会一次次栽大跟头。

　　1926 年，鲁迅在厦门大学任教时，由于工作繁忙，常常一个多月才理一次发。

　　有一天，鲁迅路过闹市一家颇为讲究的理发厅，就信步走了进去。来这家理发店理发的大多是有钱的体面人，所以理发师见鲁迅一身灰旧长袍，脚穿一双旧布鞋，不禁撇了撇嘴，语气淡漠地招呼鲁迅坐下。理发时，他也不像招待其他客人那样周到，只是随便胡乱剪了剪，不到十分钟就剪完了。鲁迅并没有说什么，从兜里随手抓了一把钱递给他就走了。理发师数了数，竟然比应收的钱多了好几倍，不禁很高兴。

　　又过了一个多月，鲁迅再次来到这家理发厅，恰巧又碰到了这位理发师。这一次，鲁迅还是上一次的那身打扮，但理发师显然对他印象深刻，所以这一次非常热情地招待了他，又是献茶，又是递烟，格外殷勤，理发时也非常细心周到。他原以为鲁迅这一次一定会给他更多的钱，谁知鲁迅最后只是按价付钱，一分钱也没多给。

　　理发师硬着头皮问道："先生，这次您给我的怎么还没有上次的多？"

　　鲁迅不无讥讽地说："道理很简单，上次你是胡乱剪的，所以我给钱

也是胡乱给的；这次你剪的这么认真，我当然给钱也要认真了。"

还有这样一个故事。

鲁班有个徒弟，跟鲁班学艺两年，自以为已经掌握了鲁班的所有技艺，便提出要提前出师，而且言行之中对鲁班大有不敬之意。鲁班并没有多说什么，也就放其出师了。徒弟走后不久，有一天突然听见从鲁班院里传出了两个人拉锯的声音，徒弟知道鲁班就自己这么一个徒弟，现在自己走了，他应该只剩一个人了，怎么会传出两个人拉锯的声音呢？他很好奇，于是趴在墙上去偷看，结果发现跟鲁班拉锯的竟然是他做的一个木头人。徒弟这时候才明白，原来自己的技艺跟鲁班还差得很远，于是他厚着脸皮又去求鲁班重新收自己为徒，并请求鲁班把制作木头人的技艺教给他。

对于他的去而复返，鲁班依然没有多说什么，答应了他的请求。徒弟回来之后便请求鲁班教他做木头人，鲁班让他自己去照着之前做好的木头人量尺寸。徒弟仔细地测量着木头人的各种尺寸，又照着鲁班做的原样做了一个。可是，木头人做好之后，无论他怎么调试，木头人就是不能像鲁班做的那样跟他一起拉锯。无奈之下，他又去问鲁班："师傅，我做的木头人为什么不拉据呢？"

鲁班问："你都量了吗？"

徒弟说："都量好了。"

鲁班拿起木头人看了看，然后说，"啊，怪不得，你只量了四肢和手脚，却没量（良）心哪！"

徒弟听了鲁班的后满脸羞愧，低头走了。

上面两个故事中，理发师和徒弟虽然做错了事，但鲁迅和鲁班都并没有立刻去批评他们，纠正他们，而是放任他们继续按照之前的想法和做法去实行，从而一步步引导他们明白了自己错在何处。

现实生活中，相信很多人都曾有过这样的经历，那就是当发现自己做错了事的时候，大多数情况下都是愿意去改正的。而且，如果是通过反省而认识到的错误，则更容易去积极的改正，同时还会引以为戒。所以说，当我们在指出别人错误的时候，最好尽可能让对方自己意识到错误，这样既能够帮助对方改正错误，同时也可以避免因语言过激而对人际关系产生负面的影响。

批评时，为对方搭个台阶

每个人都有自尊心，都好面子，在批评别人时如果我们能给对方搭个台阶下，那么对方在感激的同时，也会心悦诚服地接受意见，并改正错误。

有一位女顾客到某商场退换一件高级衬衫，她声称这件衣服买回家后没有穿过，之所以来退货主要是因为丈夫不喜欢。精明的营业员一眼就看到这件衬衫有明显被穿过的痕迹，但顾客已声明"没穿过"，所以她并没有拆穿顾客，而是换了一种巧妙的说法以，即给了顾客面子，又让顾客收回了刚才所说的话：

"我相信您说的话，不过，或许你不在家时，您的丈夫或许曾经穿过它。因为这块显显的污迹是表明确实有人穿过它。我也经常遇到这样的事，买回家好好的衣服，第二天就被我丈夫搞脏了。"

毫无疑问，这位售货员就是一位说话高手，面对顾客的"死不认账"，她没有用严厉的语言去苛责，而是巧妙地暗示，把责任推到第三者身上，这样就给顾客留了面子，找了个台阶下。

很多人都有这样的心理，自己做错了事，却没有勇气承认，因此在受到批评时，往往表现出强烈的反抗情绪。为了让对方知错认错，我们在指出对方的错误时，可以找一个合理的理由，给对方留下余地，从而让对方好好地反省一下。

某工厂一位工人私自把仓库里的钢筋拿回家一根，安在窗户上。这件事被厂领导知道了。领导抓住这一点，把这个工人狠狠地批评了一通。当然，这个工人也认识到自己的确错了，所以很诚恳地向厂领导认错。这件事本该到此为止，但厂领导并没有善罢甘休，非让他写下书面保证并公开在职工大会上承认错误，进行检讨。厂领导这样做，是想起到杀做百的效果。

对此工人十分为难，他觉得自己已经承认错误了，而且保证不再犯，厂领导应该给他一次改正的机会。可是如果写书面检讨还要在职工大会上宣讲，那么就太没面子了。本来这种事情就是非常不光彩的，如果被厂里的其他同事知道了，自己还怎么有脸面在厂里待下去。而且自己平时工作挺认真负责，也算是厂里为数不多的技术主力，厂领导不该这样为难自己，于是他没有答应厂领导的这个要求。但是厂领导的态度很坚决，最终这个工人思来想去也没想到更好的办法，只好主动申请了离职。

毫无疑问，这样的批评是不会受人欢迎的。会批评的人，在对别人进行批评教育时，总是三言两语见好就收，从不忘给对方留一定的余地。但不会批璃的人，却总是不肯善罢甘休，非把对方批得"体无完肤"不可，结果往往会过犹不及，把事情推到了反面。

事实上，批评多半都是善意的，是真诚地想帮助对方改正某些错误，但往往由于措辞不当，导致对方反感，根本无法实现批评教育人的目的。

因此，批评别人的时候，一定要注意轻重适当，否则就有悖于批评"治病救人"目的了。俗话说"世界上没有不犯错误的人"，当我们面对着一个犯有某种过错的人时，能够做的补救措施之一，就是用语言向对方指点迷津，促其浪子回头、迷途知返。不过，批评犯有过错的人，与平常的说话是有较大差异的，过或不及，都难于取得令对方口服心服的效果。因此，批评或劝诫犯有过错的人，必须把握言语内容、言语形式和言语分寸。

"家丑"不要外扬

谁都不愿把自己的错误或隐私在公众面前"曝光"，一旦被曝光，就会感到难堪而恼怒。因此在批评别人的时候，一定要遵循"家丑不可外扬"这一原则。作为企业的领导者，如果想得到下属的尊重，提高人气，尤其应该时刻遵循这一原则。

人人都爱面子，人人都有维护自尊、渴望别人尊重的需要。设想一下，假若你的下属因为被你当众责骂面子受到极大的伤害而觉得下不了台，抱着横竖都挨责备的心理，一反常态地和你争吵起来，甚至把本单位一些不该为外人知道的事情也抖出来，当领导的你岂不是无法保全自己的"面子"了？

古时候有一位十分有名的侠客，他的属下有近千人。一次，他的朋友问他："有那么多的子弟仰慕你、跟随你，你有什么秘诀呢？"侠客回答说："我的秘诀就是，当我要责备某位犯错误的弟子时，一定叫他到我的房间里，在没有旁人的场合才提醒他，就是如此。"

日本的社会学家岛田一男在援引这个例子后说："无论是辈分较长的人或是领导，都应该有这位侠客的认识才好。人在大庭广众之下被责骂，会觉得没面子，很可能会委靡不振、意志消沉，有的可能对你产生反抗或憎恶的态度。"

美国实业巨子雅科卡说过一句耐人寻味的话："假如你想表扬一个人，

用书面；如果你想批评一个人，用电话。"这话形象地说明要求受尊重乃是人们普遍的愿望。

如果你希望自己的批评取得好的效果，就要在攻心上下功夫，绝不能使别人反对你。一定要记住，你要做的事实际上是一种说服工作，即打动对方的心，使对方回到正确的轨道上来，而不是去贬低他的自我。即使你进行批评的动机是高尚的，是真心实意的，也要注意场合问题。当有其他人在场时，哪怕是最温和的方式也很可能引起被批评者的怨恨，使他感到在同事或朋友面前丢了面子。

从心理学角度来看，暗示是在无对抗的条件下用含蓄、间接的方法对人的心理和行为产生影响。这种影响表现为使人按一定的方式去行动或接受一定的意见，它是一种被主观意愿肯定了的假设，不一定有根据，但由于主观上已肯定了它的存在，便使人的心理尽力趋向于这项内容。特别是在某种交际场合，因种种原因语义不能明说，但必须要传递的情况下，使用暗示能起到不同凡响的效果。这在企业管理领域中有极其重要的意义。

某公司的一个情报科长，因为提供错误的市场信息而导致企业领导决策失误，给企业造成了重大损失。对于这样严重的错误，总经理完全可以将情报科长撤职。但这位总经理并没有急于作出处理，他考虑了两点因素：第一，目前还找不到一个更适合的人选来代替这个科长的职务，一旦将他撤职将会影响工作。第二，这位情报科长可能是"好马失蹄"，由于一时大意而出现判断错误。如果贸然将他撤职，那么很可能使自己就此失去一名得力助手。于是，总经理把这个情报科长找来，告诉他自己即将要对这个错误事件作出一定的处理，但没有明确地告诉他具体如何处理。

事情就这样拖下来了。在这段时间里，犯了错的情报科长为挽回错误，更加认真努力地工作，为企业的决策多次提供了很有价值的信息，为企业

发展做出了积极的贡献。他用事实证明上次的失误是意外，也证明了自己作为情报科长是十分称职的。

对此，总经理十分满意。于是，总经理再次将他叫去，对他说，这一段时间他的表现非常好，公司本来准备给他嘉奖，但是由于上次的失误还没有进行处理，所以，公司决定既不嘉奖，也不处分，既不升也不降，将功抵过，功过抵消。

任何具有上进心的人都不愿犯错误，如果犯了错误也多半会虚心接受批评和惩罚。而当他们意识到你的批评完全是为他们好，而且顾全他们的面子，自然会对你心存感激，你说的话，自然也能听得进去了。就像安全中的总经理那样，他在批评情报科长的时候采用的这种方法，不仅使下属心服口服，而且没有因此影响工作，还激发了下属更积极的工作态度，为企业的发展作出了更大的贡献。

因此，作为领导千万不要急于追究部下的责任，你需要的是用冷静的态度稳稳地掌握主动权。什么时候处理最合适，用什么样的方式处理最妥当，都是你应考虑的，只有这样你才能赢得部下的心，使其成为你的忠实拥护者。对于下属的一些过失，管理者最好采取单独面谈的方式，只要他认识到自己的错误，就没有必要当着其他人的面要他作公开检讨，而只要在你的办公室里，面对面地同他单独谈，就足以使他反省了。

由此可见，不要在其他人在场时对别人进行说教。无论是批评孩子，还是批评同事、朋友或是下级，都应将批评的范围尽可能缩小，而不要肆意扩大，这是一种批评的攻心术。如果你想到处树敌，或使你的威信降低，你不妨在大庭广众之下指出某个人的错误。那么就会使这个人感到困窘，心生怨恨，不但以后他不愿跟随你，还可能一辈子都不会原谅你！假如在场的人有支持他的，你的敌人就更多了！因此，绝对不要轻易去做这样的尝试。

千万不要翻"旧账"，揭"伤疤"

恰到好处的批评方式所产生的效果，应该是使被批评者心悦诚服，主动地接受批评，改正错误，并且受到鼓励，使自己向更好的方向发展。但是，批评时要注意分寸，不能眉毛胡子一把抓，而应该就事论事，这样才能收到更好的效果。如果一味地翻陈年老账，揭过去的伤疤，既不会起到好的效果，还有可能使对方更加反感和愤怒。

在很多单位，一些管理者在批评员工时，常因为翻老账而引起员工的不快，这是因时过境迁以后，曾经犯过错误的员工以为自己已经得到了上司的谅解，并相信上司已将过去的事情遗忘了。但是，当自己做错了某一件事时，上司在批评他时又旧事重提，于是就会让他们立刻勾起了一段不愉快的回忆，从而使自尊心受到伤害。试想一下，当一个人的自尊心反复受到伤害的时候，他还会平心静气地接受别人的批评并积极去改正吗？

某工厂有一名工人，以前因为工作失误，受过一次通报批评的处分。后来，他和一名同事吵了一架，于是车间主任找他谈话，对他进行批评，可两个人只讲了几句话就谈崩了。下边是他们的对话：

车间主任："你对同事大打出手，可真够威风的啊，你眼里还有没有王法，还有没有厂规？"

工人："我……是他先挑起来的，我……"

车间主任："不要再找借口了，去年那个通报你忘了吗？我可是没忘

啊！你是不是还想再来一个……"

　　工人："那你就给我再来一个通报吧！一个我抱着，两个我背着！"

　　车间主任："你……"

　　批评最忌讳翻陈年老账，将对方过去的问题一股脑儿地抖出来，以显示自己的理直气壮。殊不知，连珠炮式的指责只会加大对方的对抗情绪，使所遇到的问题更难解决。

　　"并不是我喜欢揭人的疮疤，而是他的态度实在太恶劣，一点悔过的意思都没有。我这才忍不住翻起旧账来的。"或许有人会这样替自己辩解。

　　有些领导的记忆力很好，连员工初入公司的事都记得一清二楚，深恐没有训人的题材，甚至大家都忘记的事他都记得。这些领导似乎已经形成习惯，一批评员工就以过去的失误为例："你过去就犯过同样的错误，白受了处分！""你的老毛病又犯了！""你从劳教所出来，厂里看你家庭困难要了你，怎么一点不争气啊！"此类话不仅没有一丝一毫的必要，反而无异于火上浇油，只能激化双方的矛盾。员工对过去的失误，一般讳莫如深，不希望在任何情况下提起来，因此在批评时要讲究方法，不要翻陈年老账、旧事重提。

　　现代社会，是一个人际关系复杂、社交活动频繁的社会，具有良好口才的人，无论走到哪里都会受到欢迎。因为他们即使是批评人的时候，也能把批评的话说得动听，而且让人听后不但立即改正，还不会怨恨他们。

　　对于大多数人来说，即使达不到他们那种说话水平，但是在批评人时还是要向他们学习。只有这样，才能提高自己的说话水平，使自己的批评更艺术、更容易让人接受。

Part7

巧妙拒绝，别让不好意思害了你

　　拒绝别人是件不容易的事。然而，不管是否困难，无法办到的事情总是要加以拒绝的。只不过要遵循一原则，比如说：态度要坚决，选择合适的时间，选择适当的方式，用婉转的语言，尽力维护对方的自尊，使对方更易于接受，减少给对方造成的心理伤害，等等。

开诚布公，直言拒绝

直言不讳的特点是，陈述事情或表明态度坦直明快，直截了当，有一说一，有二说二，旗帜鲜明，真实可信。反之，如果过分客套，语言太多粉饰雕琢，就很容易失去自然和坦诚。特别是在亲朋好友之间，讲拒绝的话如果总是绕弯子兜圈子，不直抒胸臆，反而会显得很"见外"，而且达不到拒绝的效果。

所以，当我们在生活中遇到一些不得不拒绝的情况，比如亲戚朋友找我们借钱之类的事情时，完全可以用直言不讳的方法去拒绝，这样不仅可以达到拒绝的目的，而且一般不会让对方感到难堪或生气。

1949 年底，上海商务印书馆由于经营不善，经济陷入困境，连薪水都发不出来了。不奈之下，已耄耋之年的董事长张元济先生找到当时的市长陈毅同志，想向政府借 20 亿元（约合现在 20 万元人民币），以解商务印书馆的燃眉之急。

陈毅在上小学时他就听说过张元济老先生的大名，从情理上讲，他是应该答应这位德高望重的前辈提出的合理要求的。但从当时的实际情况看，战争刚刚结束，有限的经费应该主要用于迅速恢复和发展生产上。于是陈毅市长直言解释道："如果说人民银行没有 20 个亿，那是骗您，我当然不能骗您，我只要打个电话给人民银行，他们就可以把钱给您送过去。按理说，您老这么大年纪，为了文化事业亲自跑到这儿来，我理应把钱借给您，但我想，还是不借给您为好。为什么这么说呢？因为 20 个亿搞到商务馆可能一下就花掉了，我觉得商务馆目前最重要的是还是要从改善经营想办法，不要只搞教科书，可以搞些大众化的年画，搞些适合工农需要的东西，学中华书局的样子。否则不要说 20 个亿，200 个亿也起不到实际的作用。要您老先生这么大年纪，到处奔忙，我很感动，不过我不能借这个钱，借了就是害了你们。"

一席话把张元济说通了，他高兴地说："我完全接受你的意见，我不借钱了，你这话很爱护我们商务，使我很感动。"

张元济老先生虽然没有借到钱，但他并没有因此而生气，反而很感谢陈毅。原因就是陈毅对他有话直说，不瞒、不骗，不摆市长的架子，而且体谅对方的难处，积极替他想办法，出主意。这样的直言拒绝，无疑比躲躲闪闪、拐弯抹角的婉言拒绝更中肯，更实在，更感人，也更具有说服力。

陈毅的例子告诉我们，朋友之间交往，必须直率、坦诚，敢于说实话、道真情，这是增进了解、加深友谊、获取信任的好办法。这是因为，人们对于肯向自己透露一切的人往往有更有亲切感。

坦诚，是沟通心灵的桥梁，闪烁其词、掩饰做作则会招致别人的怀疑、反感和不信任。

由此，我们可以看到，直言的最大特点是"实在"，即说话态度诚实坦直，所言内容真实可靠，阐述道理切实可行。当然，在现实生活中，也有人说谎说得很"直率""逼真"，但谎言终究经不起时间的检验，最终一定会败露。

因此直言快语，首先要有诚实的态度，坚持实事求是的原则，建立在这种基础上的信任，才能提高你的威信，才能得到别人的信任。

直言的另一个特点是"质朴"。实践证明,质朴自然的语言,比华丽巧妙的言辞更能打动人。陈毅的谈吐是非常幽默、非常风趣的,但在张老先生借钱问题上,他却没说一句幽默风趣的话,完全是以坦诚的态度和质朴的语言与张老交谈,于是产生了积极的效果。所以,学会直言,掌握直言方法,不但要注意态度热情,语气自然,而且语句要实在,少夸张,戒浮躁,更不要咬文嚼字,甚至引经据典,搞得深奥费解。要努力做到"清水出芙蓉,天然去雕饰"。措辞还应注意少用诸如"大概""可能""也许"等模糊词语,因为这些词语常常表现出一种不确定的意向,让人听后觉得你在推诿、搪塞,甚至对你产生一种不信任的感觉。

当然,提倡直言,并非提倡"简陋粗俗",提倡不看对象、不分场合、不顾后果地直着嗓门将好话坏话一股脑儿端出来。直言之言,也是需要思考和选择的。凡是有利于对方理解自己用意的话,有利于解决问题的话,当然应当快人快语道出来,但也应因人而"言",因为人心如面,各不相同。所以直言一定要看准对象,看准时机,看准场合,否则就要碰钉子。

"心直"本是好事,但要注意"口快"出乱子。口太快,来不及思索、分析,来不及想一想这句话该不该说,能不能说,怎样说对方才能接受,如果连基本事实和全面情况还没来得及弄清楚,就急于表态,结果只能事与愿违。因此,将这一方法运用到拒绝上时,更要慎之又慎,注意措词和运用的方式。

绕个弯，巧拒绝

不可否认，有时候，直言会让拒绝更有效。但是直言的拒绝并不是适合所有的场合，有时候，我们在拒绝的时候不得不运用一些委婉的方式，这样既能避免让自己陷入窘境，也不会使对方感到太难堪。

有一次，波兰著名钢琴家肖邦在巴黎举行了一场盛大的演奏会。一位贵夫人因为没有买到票而向肖邦求援，可是肖邦手里的票已经都送出去了，一张多余的也没有了。他不想麻烦主办者，直接拒绝那位夫人也有点不礼貌，这让他有点为难。于是他对那位夫人说："遗憾得很，我手上的票都已经送出去了，现在只剩下大厅里还有一个座位了……"贵夫人非常兴奋地问道："这个位置在哪儿？"肖邦说："不难找，就在钢琴后面。"这个座位是肖邦演奏的时候坐的，贵夫人只好失望地走了。

肖邦拒绝得既幽默又得体，既达到了拒绝的目的，也保全了对方的颜面。

因此，当我们碍有面子，不好意思把拒绝的话正面说出口的时候，可以装作自言自语说出心中的想法，这样一来，对方往往会识趣而退。

杂货铺的老刘听说村长的儿子小李要向他借一笔钱，他知道，这笔钱要是借出去，多半有去无回，可是如果不借钱就会得罪村长，那自己的生意只怕也会受到影响。于是他心里开始盘算，要想个好办法拒绝小李。

这一天，老刘刚送走一位顾客，就看见小李从远处正朝他的杂货铺走来。他立即背转了身体，等到小李走近时，他一边叹气一边自言自语道："哎，这一批货款，人家非要求一次付清。我如何才能凑齐这笔钱呢？对了，我应该去找小李想办法，他爸爸是村长，借点钱肯定没有问题。"说完也没回头，而是继续忙着摆货架。

小李站在杂货铺门口，听到老刘刚才的一番话，意识到自己找错人了，因此打消了借钱的念头。

现实生活中，我们总会遇到需要拒绝别人的时候。尽管有时候我们真的很想帮助别人，但是也必须遵循量力而行的原则。如果对方求助的事我们自知力不能及还要勉强答应，这样勉为其难，不仅会给自己带来麻烦和苦恼，也会因无法把事情办好而让对方失望，有时候甚至会因此耽误了对方的时间而使对方恼怒。因此，在他人有求于我们时，我们必须要有自知之明，力所不能及的事一定要学会拒绝。

当然，如果想拥有好的人际关系，在拒绝别人时就要讲究艺术，学会绕个弯，这样才能既达到拒绝的目的，又让对方不会因此产生怨恨。下面是一些绕弯拒绝的方法，以供参考：

1. 用暗示的方法拒绝

直接拒绝的方法不是不可以用，但要因人而异，对于性格开朗，平时与你关系好的朋友，你可以直截了当说出自己拒绝的理由，对方也多半会理解你。但如果对方与你关系很普通，而且性格多少有些内向或者自尊心较强的疾，你的拒绝就不能太直接。这时候，你可以用一些暗示的方法去拒绝，这样就会大大减少失去一个朋友、树立一个敌人的概率了。当然，使用这个方法还有一个前提条件，那就是对方最好是比较聪明而且领悟能力较强的人，这样才能更快了悟你的暗示。

2. 用笑容拒绝

俗话说："伸手不打笑脸人。"面对于一个满脸笑容的人，任何人都不会轻易的生气或发脾气，这一准则完全可以充分运用到拒绝当中。所以，最好不要在生气的时候拒绝辊人，因为这时候往往会因为情绪不好而"口不择言"，从而对对方造成伤害，破坏人际关系。而面带笑容，态度庄重的拒绝，则可以在很大程度上使对方感到你对他的尊重和礼貌。如此一来，即使被拒绝了，对方也多半会欣然接受。

3. 婉言陈述自己的现状

如果不是碰到无法解决的问题，大多数人都不愿意向别人开口请求帮助，所以，如果我们轻易地拒绝对方，很可能会对对方的自尊心造成一定的伤害。当然，如果对方的请求我们力所能及，自然应该予以帮助，但当我们无能为力时，也一定不能让自己为难，这时候，婉言陈述自己的现状是一种不错的拒绝方式。当对方获知情况后，再转守为攻，这样就可以让对方知难而退了，这也是一种避免正面冲突的拒绝方法。

4. 给自己留下回旋的余地

模糊地答应他人就不会给自己留下余地，如果反悔，不仅影响自己的威信和声誉，也会因此对人际关系造成不该有的损失。所以，当我们面对不确定的问题时，应该使用"尽力而为""尽最大努力""尽可能"等有较大灵活性的字眼，给自己留下一定的回旋余地。

5. 给对方一点希望之光

对我们提出请求或者等等我们答复的人，内心总是寄予一定希望的，希望事情能够如愿以偿，圆满解决。如果突然遭到生硬的拒绝，很可能会失望或者悲伤，心理上也很难平衡。这时候，我们最好不要把拒绝的话说得太绝对："这件事情比较棘手，让我看看再说。"既给自己的态度留下

了回旋的余地，又使对方不至于感到绝望。当然，不能这样说说就算了，

　　所以，人际交往中，如果想成为一个会聊天的人，那么在拒绝别人时一定要绕个弯，留有"心机"，这样既可以使自己不至于勉为其难答应承诺，又不会让对方陷入尴尬无地自容，又不会对人际关系造成负面的影响，一举三得。

模糊拒绝，进退自如

模糊拒绝，简来来说就是运用不确定的或不精确的词语来达到拒绝目的的方法。在一些特殊场合，我们常常不方便用精确语言来表明自己的态度，这时就需要使用模糊语言。模糊语言的功效在于，既不至于令对方太失望或太难堪，也给自己创设了一块"缓冲地带"，增加了回旋的余地。

模糊拒绝是一种艺术，运用好了会取得良好的效果。

有一次，庄子向监河侯借贷，监河侯模糊地答复说："好！再过一段时间，等我去收租，收齐了，就借你三百两金子。"监河侯的"模糊式"拒绝很有水平，不说不借，也不说马上借，而是说过一段时间收租后再借。这话有几层意思：一是我目前没钱，所以无法借给你；二是我也不是富人；三是过一段时间不是确指，到时借不借再说。聪明如庄子，自然已经听明白了其中的含义，但他也不会怨恨什么，因为监河侯并没有明确地说不借，希望总归还是有的。

楚灭秦时，刘邦、项羽各领一支兵马向关中进发，并决定按楚怀王之约，谁先入关，谁为关中王。结果刘邦先进了关，理应成为关中王。可是项羽自恃兵多，不仅自尊为王，而且打算将刘邦放逐到很远的南郑去。项羽的谋士范增知道后，极力反对这一主张，他对项羽说："南郑那地方，内有重山之固，外有峻岭之险，让刘邦到那里去，等于放虎归山。"项羽问范增："有没有办法杀死刘邦呢？"范增顿生一计："等刘邦上朝时，大王问他，寡人封你到南郑去，你看如何？如果他说愿意去，就证明他想到那个地方养兵练将，日后好与大王争夺天下，于是您就下令将他绑出去杀了。如果他回答不愿意，就证明他不把大王放在眼里，于是也有理由将他杀了。"

项羽听后，欣然同意，待刘邦上得殿来，便问道："寡人封你到南郑去，你愿不愿意？"刘邦听后，知道不妙，略加沉思道："大王，臣食君禄，命悬于君手。臣如陛下坐骑，鞭之则行，收留则止。臣唯命是听。"项羽听后，无可奈何，只好改口说："南郑你就不要去了。"刘邦道："臣遵旨。"

面对"命悬于君"的难题，足智多谋的刘邦，巧妙借助模糊语言摆脱了项羽、范增所设的圈套。他的答话，既没有回避问题，又绕开了问题的焦点，使人无法抓住把柄。这正是模糊语言所发挥的作用。

某单位办公室王主任升任局长后，一些人纷纷利用各种机会向他发出"盛情邀请"，其中有 e 一些平时交情不怎么样甚至只有一面之交的人也绕着弯子来请他赴宴，且极尽奉承、巴结之能事。他觉得这样既耽误工作，也容易让别有用心的人钻空子，于是便想了个"模糊表态"的方法来应付。

有一次，某单位一位同志利用儿子过生日的机会请王局长"光临寒舍"。他当然不想去赴宴，又不好明确拒绝，便这样回答说："你定的那个日子正是上级来检查工作的时候，这样吧，到时如果没有什么要紧事，我会抽空过去聚一下。"言下之意，要是有要紧事，或者没空，那只能说抱歉了。这样的拒绝方式，既可以让对方理解，也等于给自己留了一条后路。

实践证明，运用模糊的语言，常会取得良好的交流效果。但是，切不可把模糊语言作为"万应灵丹"，到处乱用。此外，"模糊"绝非"含糊"，绝非模棱两可，搪塞应付，或者是躲躲闪闪，装腔作势。尤其是领导干部在决策时，决不能用"模糊语言"做盾牌，掩盖自己的真实观点；对于群众的意见、建议更不能采取官僚主义的态度，用"研究研究""争取解决"之类的托词去敷衍搪塞。

巧妙开出逐客令

宋朝著名词人张孝祥在与友人夜谈后，不禁发出这样的感叹："谁知对床语，胜读十年书。"的确，有朋友来访，促膝长谈、交流思想、增进友情，是生活中不可或缺的一件乐事，也是一件可以获益匪浅的大事。然而，在现实生活中，我们偶尔也会遇到截然相反的情况。比如，刚刚吃过晚饭，本想静下心来读读书或者想想问题的你，却突然接到了一个不请自来的电话，电话或许是老同学打来的，或许是"闺蜜"打来的，总之是那种你不得不接的电话，也不好意思随便说几句就挂断的电话。还没等你说几句，电话那头的人便开始唠唠叨叨跟你说一些你不太感兴趣的事情，而且大有越说越来劲的情势。这时候的你，虽然很想挂断电话还给自己一份清静，但碍于情面，又担心因此伤及对方的自尊心，所以多半只能硬撑着听完，而且还要隔三差五插上一两句，以表示你在认真倾听。

想必大家在生活中都碰到过类似的情况。浪费别人的时间等于谋财害命，这句话是鲁迅先生的名言，虽然不免有些夸张的成分，但在某些特定的时候确实是很有道理的。比如上面我们所说的时间节点，正是如此。任何一个珍惜时间的人都不甘心被这样"谋财害命"。所以，你要学会拒绝，而且要拒绝得有人情味。

那么怎样拒绝这种说起来就没完没了的闺蜜呢？最好的应对办法就是运用高超的语言技巧，让你的拒绝更动听，既不伤害对方的自尊心，又让对方变得知趣。那么，有人情味的"逐客令"怎么开呢？下面的方法供大家参考：

1. 以写代说

有些"嘴贫"的人可能意识不到别人正在婉转地下逐客令。对于这种人，可以用张贴字条的方法代替语言，使他们一看就懂。有位著名的科学家，在自家的客厅里的墙上贴了一张写有"闲谈不得超过 3 分钟"的字条，以提醒来访者。看到这张字条，"闲谈"的人自然就不会喋喋不休地说下去了。

我们可以根据自己的实际情况，在家里贴上想说的话，如"主人正在做考前准备，望客人多多关照"、"孩子即将高考，闲谈请勿打扰"等字样，这就营造了一种争分夺秒的氛围，引起闲谈者的注意和理解。因为字条是写给所有来客看的，并不针对某个人，所以也不会令来访者感到难堪。

2. 以热代冷

用细致的招待、热情的态度代替冷若冰霜的表情，使闲谈者在"非常热情"的主人面前感到不好意思登门打扰，这也是很不错的一种下逐客令的方法。

闲聊者一来，你就热情招待，又是沏茶倒水，又是捧出瓜子、水果，有可能把他吓得不敢再贸然来访了。你如果用贵宾的高档次接待闲聊者，他一般是不敢总以"贵宾"自居的。

过分热情的实质无异于冷待，这是生活的辩证法。但以热代冷，既不失礼貌，又能达到"逐客"的目的，效果之佳，不言自明。

3. 以疏代堵

闲聊者用无聊的嚼舌来消磨时间，主要是因为他们胸无大志，没有高雅的兴趣爱好。如果我们变"堵"为"疏"，让他制定自己的兴趣计划，有事可做，他也就无暇光顾你了。

那么怎样进行疏导呢？如果他是年轻人，你可以鼓励他多读一些书，多多学习上进，有了真才实学才能过上高质量的生活；如果她是你的闺蜜，你还要告诉她，女人更需要爱自己，努力提高自己的各种能力，既要有幸福的家庭，又要有向上的事业，不能完全依赖男人；如果他是老年人，你可以告诉他多些兴趣爱好，人生才不会寂寞无聊，读书、种花、健身、养生，太多有意义的事可做。如果他们都忙于自己的事情了，你也不用在拒绝他们上动脑筋了，说不定你想跟他们闲聊时，他们却没时间了。

4. 以攻代守

用主动出击的姿态堵住闲聊者的来访路也不失为一种好方法。在运用这种方法时，应该先掌握对方一般在什么时候到访你家，然后不妨在他来访之前的 10 分钟先"杀"到他家门前。这样，你就从主人变成了客人，从而掌握了交谈时间的主动权，只要你想回家，可以随时走人。你到访他家的次数一多，他就只能待在自己家里了，而他每晚必上你家的习惯也就会慢慢改变了。以攻代守，先发制人，是一种比较特殊的逐客令，但效果有时候还是不错的。

找一些借口，让拒绝天衣无缝

找借口，对于这个相信大家都不陌生。现实生活中，我们经常会遇到一些需要找借口的事情，比如，上班迟到了，有些人会找借口，工作任务没完成，有些人会找借口……当然，从客观的角度来说，找借口并不是一件值得提倡的事情，无论是在生活中还是工作中，我们都应该尽自己的本分和职责，尽力做到最好，而不是经常为自己找借口。但是，事无绝对，并不是在所有情况下都不应该找借口，比如说在拒绝别人的时候。

有时候，当某些拒绝不好说出口的时候，找一些适当的借口去回绝则是不错的方法。

1. 以制度为借口

小袁在这家公司已经工作快一年了，他觉得自己在这段时间里工作认真努力，成绩也不错，所以觉得公司应该给他涨工资了。这一天，他来到经理办公室。

"经理，我觉得应该给我涨工资了。"小袁开门见山地说。

"你来公司已经快一年了，根据你的工作表现和能力来看，确实应该给你涨了。"说到这，经理话锋不转，指着贴在墙上的一张制度表格说："但是，按照公司的职务工资制度规定来看，你现在的工资已经是你这一级别中的最高档了。"

"对不起，我忘记公司的工资制度了。"小袁有些泄气地说。

国有国法，家有家规，公司自然也有公司的规章制度，这也是每个人都必须遵守的。经理并没有直接拒绝小袁涨工资的请求，反而对他的工作给予了肯定，但是一张公司制度表却成功地挡回了小袁的请求，而且让他无话可说。

2. 以"第三者"为借口

小陈在一家连锁电器商场做销售工作。有一天，朋友小徐来买笔记本电脑。可是把柜台里的笔记本都看了个遍，小徐也没找到令他满意的。这时候，他提出让小陈带他去仓库看看，因为他知道因为空间有限，有许多种商品并没有直接摆在柜台里。小陈有些为难，因为商场有规定不能随便带顾客进仓库，可是小李跟自己的关系不错，直接说"不"又有些说不出口。他脑筋一转，笑着对小李说："不是我不带你去，上星期经理刚给我们开过会，不允许带任何顾客进仓库，违反者要罚款。这不，前天，我的对班小孟带着顾客去仓库挑手机，被经理知道后，扣了他这个月的奖金。没办法，我这是人在屋檐下啊，哥们你要多体谅我一下。"尽管遭到拒绝让小李有些不太高兴，但听到小陈说的也合情合理，也就不再强求了。

3. 以"外交辞令"为借口

相信大家对"外交辞令"都不陌生，外交官们在遇到他们不想回答或无法回答的问题时，总会用一句"无可奉告"来搪塞，这就是所谓的"外交辞令"。当然，在现实生活中，当我们暂时无法说"是与不是"的时候，可以把这句"无可奉告"进行一下转化或延伸，变成"这个问题不好说""事实会告诉你一切的"等搪塞过去。

既然拒绝别人在所难免，而我们又不想因此而对人际关系造成负面影响，那么就适当为自己找一找借口吧，从而避免对方造成伤害，引发怨恨和不满，甚至导致人际关系的破裂。

先应后拒可以用，但不可过多

很多时候，出于某种原因，比如碍于面子，对方不好得罪等等，我们不能过于直接地拒绝对方的要求。除了婉转地使拒绝容易让对方接受以外，其实还有一个办法，那就是不妨先答应下来，然后给自己一个回旋的余地，再想一个充分的理由来反悔，给对方一个交代。

这一天，萧科长的家里来了一位客人——乡下一位邻居大叔。大叔这次来城里找萧亮，主要是想让萧亮为自己的儿子小刚在城里找一份机关单位的工作。小刚高中毕业后一直在家务农，期间也出门打过两年工，但都因吃不了苦而回到了乡下，如今闲赋在家。

萧亮是当地水产局的一个科长，这个职务在偌大的城里只能算是一个芝麻小官，但是在乡下的亲戚和老乡眼里，他可是村里最有出息的人，所以乡亲们有个大事小情经常来找他帮助。

萧亮自然不是个忘本的人，所以能力范围之内的一些请求他都会帮忙。可是这一次，大叔要他帮的这个忙实在有些难办，一来是因为萧亮很了解小刚，既没有学历，也不会什么技术，而且还有点好吃懒做，他这样的年轻人不要说找机关单位的工作，就连普通的民营企业也不会愿意聘用他。萧亮很想直截了当地拒绝大叔，可是，又有些于心不忍，小时候这位大叔对自己挺照顾。如果一口回绝，难免会让大叔伤心，于是他想到了一个办法。他让大叔回去告诉小刚准备几份简历，写得详细一点，学历、本

人兴趣特长以及思想表现等等，越详细越好。最后他说："这件事我一定会尽力去办，等你把小刚的简历拿来之后我就去找熟人，然后你就等我消息吧。"

第二天大叔便把小刚的简历送来了。一个星期之后，萧亮没等大叔再次上门，便主动上门去找大叔了。萧亮一脸歉意地说："大叔，真对不住，您拜托我的事目前来看希望不大了。这几天我一直在为这件事活动，我托人把小刚的简历分别送到了三个单位，现在第一个单位觉得小刚的学历太低，所以录取的希望不大，第二个单位说再研究研究，可能没什么希望，第三个单位现在只招技术工……情况就是这样，不过，虽然现在没有合适的机会，说不定以后有机会，我会一直记着这件事，等有了合适的单位我再通知您。"

大叔原本也没抱多大希望，因为他也明白自己的儿子一没学历，二没技术，想要在城里找一份体面的工作本就是一件难办的事，之所以去求萧亮，也无非是想试一试。所以，当事实摆在眼前的时候，他也并不是不能接受，而且萧亮说得合情合情，他也没有理由不接受。

这种拒绝方式同样也可以用在其他方面。生意上，有熟人求你是否能通过关系为其批点出厂价产品，这种事情当然是违背原则的，但对方又是不能轻易回绝的人，这时候你就可以这样说："好吧，我会尽力去办。"然后你还要再详细问一下对方要的货品的详细情况，比如什么型号，大概要多少，等等，以便让对方相信你是真的想要为此去尽力想办法。接下来，跟上面故事中的萧亮一样，你要在对方询问之前主动登门拜访，然后向对方解释，说自己已找过领导，领导很难说话，或者说所有产品已经被别人全部订购了，只能等今后的机会。

如此种种，举一反三，灵活运用，就会从容"逃避"日常生活中许多不必要的麻烦。

当然，虽然这种方法可以让我们在日常生活和工作中避免一些麻烦，但是却不能太过频繁地使用，尤其是在同一个人身上。试想一下，如果你总是对前来求助的人说"好的，我一定尽力帮助"，但最后又总是说"不好意思，那件事因为某种原因办不成了"，一次两次可以，如果总是这样，那么你在别人眼中就会变成一个不讲信用的人。时间久了，如果身边的人都曾遭到你这样的拒绝，那么在社交圈中，你的名声恐怕会越来越差。所以说，这种拒绝的方法可以使用，但切忌过于频繁，如果实在是自己力所不能及的，明确地说"不"才是正确的方法。

拒绝不失礼的小妙招

怎样才能既拒绝了别人，又不得罪人呢？恰到好处、不失礼节地拒绝别人也是有法可循的，现在就给你支几招。

1. 鼓励式拒绝

小张和小李是一个部门的同事。部门经理让小张整理一些资料，但是他担心自己做不好，便请小李给予帮助。小李说："我很愿意帮你的忙，但是非常不凑巧的是我手里正有份工作还没做完。其实，凭借你的能力和素质是完全能够把整理资料的工作做得很好的。你不妨先自己做，也许等我做完手里的事能帮你做一点儿。"小张只好说："好的，谢谢你的鼓励哦！"

小李的一番话说得非常巧妙，虽然拒绝了对方，但同时却给了对方很大的鼓励，肯定了对方的能力。如果小李一本正经地回答："你的事我可没办法帮忙！"这样说则会伤了同事之间的和气。

2. 相互矛盾

当别人向你提出了让你感到为难的要求时，不妨先承认他的要求的可理解性，同时表达出满足他的要求的希望，但接着就要说出不容置疑的拒绝理由了。

3. 岔开话题

当别人向你提出某种要求时，他们往往通过迂回婉转的方式绕了个大圈子才说出本意，如果你在谈话不到一半时就摸清了他的意思，而你又无法确定自己能否满足对方的愿望，那么不妨岔开话题，让他知道这样做会使你很为难，对方自然也就知难而退了。

林肯被一个来自费城的非常讨厌的家伙死缠烂打，那个秃头家伙浪费了他的不少时间。后来，林肯终于想出了一个摆脱的办法。当那个家伙第二次来访的时候，谈话过程中林肯故意打断了他的话，匆匆忙忙地走到房间角落的一个衣柜旁，从里面取出了一瓶药水，对那个家伙说："你有没有试过这种长出头发的药水？"

"没有，我从来没有试过这种药水，先生。"秃头急忙回答。"好吧，"林肯说，"我劝你不妨试一试，我先把这瓶送给你吧。如果开始时不怎么见效的话，你可以接着使用，一直试下去。别人都说这种药水能让秃头长出头发来。现在，你就把它拿走吧，等十个月之后你再来见我，告诉我这种药水的效果。"

4. 诙谐幽默

幽默的语言可以调节气氛，而且能使对方在笑声中感受到话语的意义。如果用幽默的方式来拒绝，不但立刻使我们轻松起来，对方也不会感到重重压力。

一次，一位著名的英国电影导演在指挥拍摄一部大片时，请来了一位大明星担任该片的女主角。从拍摄开始起，女明星就不停地唠叨，不是嫌拍摄角度不好，就是就拍摄手法不够巧妙。总之，她一直在不停地提醒导

演必须从她的"最好的一面"选择镜头，而且多次对导演说："你必须要满足我的要求！"导演笑着说："对不起！我做不到。""为什么呢？"导演大声说："因为你最好的一面正被你压在椅子上！"拍摄现场爆发出一阵哄笑。

　　不管怎么说，拒绝别人终归不会让对方高兴的，但只要我们能够掌握一些拒绝的小窍门，就可以让这些本来得罪人的话，变得相对顺耳一些。

Part8
这样求人，不难开口

生活在这个社会中，没有哪个人是三头六臂无所不能的。有些事仅凭一己之力是办不成的，只有寻求他人的帮助才能成功。求人实质就是寻求合作的一种方式。想要打动对方让对方尽全力来帮助你，就需要高超的说话艺术，只有这样才能达到求人的目的。

"软磨硬泡"有奇效

生活中或工作中，我们难免会遇到求人的时候，当然，有求人的时候，就必然会有遭到拒绝的时候。有时候，对方拒绝我们是因为他们确实无能为力，如果是这样，被拒绝或许我们多半是会接受的。但更多时候，其实对方是有能力办到的，只不过因为这样或那样的原因而不想答应，于是便会找各种各样的借口中来推脱或搪塞，虽然我们明知是这样，但也无可奈何，毕竟求人的立场就是如此，帮不帮是人家的事情，我们强求不得。

所以说，遇到这种情况，大多数人都会就此打了退堂鼓，但有些人却不会就此罢休，他们会再接再厉，不断"组织进攻"，因为他们不想就此被拒之门外。

求人成事要有韧性，使用不间断的"攻击法"，让被求的人在心理上担负着"情义债务"。比如，在求一个毫无关系的人办事的时候，最好是想方设法让对方产生这样的感觉："如果我不理会他，他显得实在是可怜啊！"对方如果产生了这种心理负担，他就不会再轻易地拒绝你了。更进一步说，就是用情义来缠住他。因此，即使你被拒绝了多少次也不要气馁，而应该选择继续抓住不放，用自己的热忱打动对方。如此一来，就算是铁石心肠的人也终有一天能被软化而愿意帮助你的。

设想一个人被别人一再地纠缠和依赖，自然会形成一定的心理负担，会因为同情心而软化，但那种三番两次的纠缠也会产生反作用。如果你因此而放弃了，现出了不悦的神色或者恶言相加，那就是你的失败。此刻会说话的人会说声"对不起"，然后迅速离开。这样一来，对方可能会因他的客气而对刚才的冷漠感到歉意，如果对方真的产生这种心理反应了，说明他愿意接受你的求助了。

求人要达到目的，讲究的是磨功、缠功，急不得。"软磨硬泡"的特点是以消极的形式获得积极的效果，通过消耗彼此的时间和精力给对方施加压力，从而达到影响和改变对方态度的目的。当我们在使用这种方法时需要注意几个问题：

1. 耐心周旋

在求人办事的时候，我们既要有自尊又不能抱着自尊不放，为了达到交际的目的，必须不断提高自己的抗挫能力，碰到钉子要脸不红心不跳，不气不急照样微笑，只要心怀一丝希望就全力以赴，有这种顽强的毅力就一定能办好事情。

2. 积极跟踪

俗语有："人心都是肉长的。"无论你与对方的距离有多大，只要你能用行动来证明自己的诚意，对方就有可能会思索并理解你的苦心，然后从固执的框子里跳出来，那你就有成功的希望了。

3. 把控自己的情绪

在求人办事的过程中，能否控制来自外界的刺激对自己情绪的影响，对事情的成败起着关键的作用。所以，应该依据不同的交际对象、办事环境的需要，做到出险而不惊，遇变而不怒。

4. 反复申请

对于同样的意思要反复申请、反复渲染、反复强调，不达目的誓不罢休。面对顽固的对手，这是一种锐利的武器。

求人办事，嘴巴要甜

没有人不愿意听恭维话，如果能把恭维话说到点子上，即使是在求人的时候，也会让对方听得很舒服，从而更有利于你达成目的。

小曹是某油漆公司的推销员，公司刚刚开发出一种新型油漆，虽然广告费用了不少，但收效却不大。这种新油漆色泽柔和，不易剥落，防水性能好，不褪色，具有很多优点，这么好的产品推销不出去让厂领导很伤脑筋。小曹作为公司的推销员，经过一番仔细调查之后，最终决定以市内最大的家具公司为突破口来打开销路。

这天，小曹直接来到这家家具公司，找到他们的总经理并诚恳地说："我听说，贵公司的家具质量相当好，特地来观摩一下。同时也想来拜访一下您这位本市十大杰出企业家之一，并想向您讨教一下，您是如何用这么短的时间取得了这么辉煌的成就的。"家具公司的总经理听了小曹的话很开心，于是便开始向他介绍本公司的产品特点，并在交谈中谈到他从一个贩卖家具的小贩，走向生产家具的大公司总经理的历程。然后，他还领小曹参观了他的工厂，在上漆车间里，总经理拉出几件家具，向小曹炫耀说这是他亲自上的漆，小曹顺手将喝的饮料倒了一点在家具上，又用一把螺丝刀轻轻敲打，总经理很快制止了他的行为，还没等总经理开口，小曹说话了："这些家具造型、样式都是一流的，但这漆的防水性不好，色泽不柔和，并且易剥落，影响了家具的质量，您看呢？"总经理一看果然是，然后又提到某公司推出了一种新型油漆，但并不了解，没有订购。小曹连忙从包从包里掏出了一个瓶子，只见里面泡着一块刷漆的木板。小曹介绍说，木板在水中已泡了一个小时还没有膨胀，说明漆的防水性好，用工具敲打，漆不脱落，放到火上烤，漆不褪色。就在总经理赞叹的时候，小曹亮出了自己的推销员身份。自然而然，这家公司很快就成了小曹公司的大客户。

在人与人的交往中，赞美就像是润滑剂，能够让双方更加和谐地相处，而在求人办事的时候，赞美更一个完美的"助推器"。有时候，我们在求人的时候，说出来的话对方很可能不会爱听，这时候，如果能适当地恭维一下，可以让说出来的话更容易让对方接受。

魏征是中国历史上著名的谏臣，他对唐太宗一向直言不讳，曾先后进谏多达二百余次，直陈太宗的过错。然而，即使像魏征这样的诤臣，也不见得老是说些让太宗生气下不了台的话，偶尔他也懂得说些恭维的话，或用委婉的措辞，以若无其事的态度让太宗听得龙心大悦。

有一回，魏征进宫谒见太宗，深深地低着头说："老臣一向为国鞠躬尽瘁，往后当然也会坚守岗位，不负陛下所托。但是请陛下不要把老臣视为忠臣，就当做是良臣吧！"

于是，太宗便问道："忠臣与良臣，有何不同呢？"

魏征说："自然有所不同。所谓良臣，非但其本身可受世人称赞，而且也可以为君主带来名君的隆誉。但是，忠臣就不一样。忠臣非但自己会遭受诛杀的横祸，而且君主也会背上暴虐无道的罪名，国家也会灭亡，最后也许只留下'曾经有位忠臣'的名声流传后代。由此可见，良臣与忠臣

有天渊之别呢！"

太宗听了大受感动，说："我知道了。希望你能信守刚才的话，我也会小心谨慎，以免有所失误。"

"使臣为良臣，勿使臣为忠臣"，这句话实在很耐人寻味。即使是以直言敢谏闻名的魏征，有时也要用委婉的言辞来赞美一下自己的君主，这样做，其实正是为了日后与君主意见相左的时候，自己的劝谏能够更加合理一些，君主也更能接受一些。

另外，现实生活中，我们也难免会遇到这样的窘境——明明很讨厌对方，却偏偏又有求于他。这时候，有一些人就会选择退避三舍，宁可一败涂地，也不会开口求人。但俗话说得好，"大丈夫能屈能伸。"其实有时候，只要不丧失原则，为了目标的实现，小小的妥协是无可厚非的，恭维对方，取悦对方也是可以理解的。

每个人都有自尊心，都希望得到别人的尊敬和信赖，因此，有时即使明知对方说的是奉承话，也多半会欣然接受，而且愈是自视甚高的人，这种倾向愈是明显。所以，在生活中，我们就要抓住人性的这一本质，在开口求人的时候，不妨适当说些好话。

要拜托一些自尊心特强的人做事并不容易。要这种人主动地帮忙，必须针对他的自尊心，强调其能力，满足其优越感，在其自尊心膨胀之下，必会为你好好地努力一番。

在请求他人答应自己的要求时，应强调对方各方面都比别人高出一筹，唯有他才能胜任。最重要是让他觉得自己不是被随意挑中的，所以一开始便要说："我认为只有你才能办到。"假设主管要派下属到偏远地区就职，相信无论谁都不愿接受这样的任务，但主管却可以很有技巧地令对方欣然接受。他首先将那个营业区目前的情况说得一团糟，再以无限信任的口吻说："我认为只有你才有能力让那边扭转乾坤，起死回生。"并做出"除你之外不作第二人想"的结论。相信将被远调的下属听了之后，一开始的不快心情会逐渐消失，反而会感觉到自己受到了公司的高度重视，内心斗志自然会陡然升起。

总之，求人时不妨在嘴巴上有技巧地略施小惠，不需要花费太大的力气，又能解决你的难题，何乐而不为！

求人时，语言里加点真情实感

求人办事时，如果能够把自己的需求说得情真意切一些，从很大程度上可以增加成功的概率。毕竟人都是感情动物，相对直白的求助，应该更愿意听到充满真情实感的求助。

那么，怎样才能让自己的求助变得感人一些呢？告诉大家一个小方法，那就是在语言里加一些修饰词。大家都知道，修辞是运用语言的艺术，目的在于提高语言的表达效果。它与语法的区别在于：语法掌管的是语言是否正确，而修辞掌管的是语言是否优美。修辞要求准确、富有表现力，包括对语言的调整和选择两个方面。

不过，在生活中，通过观察我们会发现，很多人在求人办事的时候，往往由于心情急切而容易忽视修辞。这时候，心理学家给建议是：对方的反应取决于你说话的内容，表达时的语气同样是成功与否的关键。如果语气透露出的是善意而非敌意的信号，别人也绝对会积极地回应你的要求。

语音修辞就是利用语言的声音进行修辞，以取得语言的音乐美。真正会说话的人会用自己最有力的语言方式去与求助的人交流，如果用生硬的语言，那只会什么事也办不成。

吴欣在一家外贸公司上班。有一次，她要请一位重要的客户去吃饭。饭店选在了城中人气比较高的一家餐厅，吴欣相中了一个靠近窗边的位置，坐在那里恰好可以欣赏到城市中最美的夜景。可是，吴欣知道，那是一个四人的座位，而她和客户只有两个人，加之正值晚饭的高峰期，所以要想获得这个位置是不太容易的。如果直接向服务生要求，恐怕很难成功，因为等待的客人还有很多。于是，她决定动点小脑筋。只见她走过去，用充满感激和期盼的语气指着那张桌子对服务生说："小帅哥你好，今天我领着公司的重要客户来吃饭，如果你能把我们安排到那个位置上，我的客户会因为看到美丽的夜景而心情愉悦，这对于我谈成这单大生意是非常重要的。我到这家公司上班已经很长一段时间了，可是业绩一直不太理想，上周经理刚找我谈过话，如果我这个月再完成不了销售任务，很可能会被辞退的。所以，如果我真的能谈成这桩生意，我一定不会忘记你的帮助，拜托你了。"几分钟之后，吴欣和客户已经坐到了淡淡的月光的窗边，一边享受用着丰盛的晚餐，一边欣赏着美景了。

由此可见，在求人办事的时候，我们不妨在语言里加一些真情实感，以便感染到对方，从而达到我们的目的。

不过，在你求人办事而说好话的时候，语言中的修辞也要因地制宜，因人制宜。世界上有许许多多的民族，而且因为文化背景不同，所以各个民族之间都有自己的风俗习惯。比如说，中国人把喜鹊作为吉庆鸟，而把乌鸦看作不吉利的象征。但是在南斯拉夫，人们则把喜鹊同"饶舌人"联系起来，而缅甸则把乌鸦视为"神鸟"。可见，不同民族在比喻、象征等方面有着许多不同。对民族习俗不同的语言交际对象，语言修辞就必须有所区别。要把适应交际题旨、适应具体情境作为交际原则，灵活调整语言手段，选择合适的同义语言形式来达到交际目的和生动活泼的表达效果，这样更能达到你求人办事的目的。

投石问路，避免尴尬

在现实生活中，当你满怀希望地向他人提出请求时，如果当场遭到了对方的拒绝，那么场面必定是十分尴尬的。造成尴尬的原因很多，有些是无法预见的，不可避免，但有些却可以通过自己的努力来避免。

从交际的角度来看，避免尴尬也是交际能力的组成部分。懂得并学会避免尴尬的技巧，是每个人都应该做到的。

人际交往的情况通常是复杂的。有时即使你已经做了充分的准备，也难免遭遇意外，或者出现估计失当的情况。那么，该如何避免难看局面的出现呢？学习一下下面这些常见的方法吧！

1. 推理判断法

当你有具体想法时，不要直接提出来，而是先提出一个与自己的本意相关的问题，请对方回答，如果从他的答案中你得到的是否定性的判断，就不要再提出自己本来的要求了，这样可以避免尴尬。

一位顾客在小区的超市买了一袋米，拿回家后发现超市老板找回的钱不对，但又不能确定是不是超市老板算错了账，因为也有可能是自己看错了米的价钱，于是这位顾客决定回去试探一下。他又来到超市，找到了放米的货架，一看价钱，原来真的是自己看错了，因此什么也没说就走了。试想一下，如果这位顾客没有用这种方法，而是气冲冲地去质问超市老板找错了钱，那么当他知道了米的价钱后一定会很尴尬。

2. 自我否定法

如果对自己所提的问题拿不准，直截了当地提出来又怕失言，这时可以使用既提出问题，又自我否定的方式进行试探。这样一来，就在自我否定的意见中，隐含了两种可能供对方选择，无论对方选择什么都不会使你感到尴尬和不安。

一位年轻作者在某刊物上发表了两篇小小说，但只收到了一篇小说的稿费。他认为一定是编辑部弄错了，但又没有确定的把握。如果直接提出来，真是自己弄错了，就会陷入尴尬。所以，他这样提问："编辑老师，我收到了 20 元稿费，这期刊登了我的两篇稿子，不知是一篇还是两篇的稿费？"编辑老师立即查了一下，抱歉地说是他们弄错了，当即给予补偿。这位作者是用了一些心思的，他提出了两种可能，而且把自己的想法作为否定意见提出，这样即使自己弄错了被对方否定，也因自己有言在先，而不会使自己难堪。

这个例子告诉我们，当自己拿不准的时候，不要轻易地提出否定对方的要求，最好用推理判断法，先摸清情况，再决定下一步行动也不迟。

3. 打电话法

打电话提出自己的要求与对面提出有所不同，由于彼此只能听到声音而不见面，即使被对方否定，所受的刺激也比较小，比当面被否定更容易接受。

一位作者写了一篇稿子投到出版社，可是等了一段时间后，一直没有回音，于是他打电话询问情况："编辑老师，我想问问那篇稿子的处理情况……""哦，是这样，稿子已经看到了，我们认为还有些距离，很难采

用……""是这样，我会再努力的。"

就这样，这位作者在比较平和的氛围中，接受了一个被否定的事实。

4. 开玩笑法

对于那些相对比较严肃的问题，有时可以用开玩笑的语气说出来，如果对方给予否定，便可把这个问题归结为玩笑，这样既达到了试探的目的，又可在轻松一笑中化解尴尬，维护自己的尊严。

一个人到朋友家做客，看到朋友家有一台彩色电视。由于当时彩电是紧俏货，于是他便想请朋友帮忙买一台，但又怕朋友不给自己面子，于是就打哈哈地说："你都看上彩色的了，我还生活在黑白时代呢，能不能帮忙弄一台呀？"朋友为难地说："哎呀，你还不了解行情吗，现在是一台彩电，要搭十台黑白的呢……"这个人见此情形，立刻说："瞧把你吓的，我不过是跟你开个玩笑而已，你就是给我买，我也没钱啊！"

这种打哈哈的方式，真真假假，可进可退，在熟悉的人之间较为多用。

5. 顺便提出法

有时提出问题，并不用非得郑重其事，因为这种方式显得过分正式，一旦被否定，很可能会让我们下不来台。而如果能恰当的时机顺便提出来，则成功的把握会更大一些。

会议室里，一个家销售公司的业务员正在与一家工厂的厂长进行业务上的商谈。当商谈告一段落的时候，这名业务员向厂长提出了一个问题："顺便问一句，你们厂还需不需要人？我有个同事想到你们这里工作。"厂长说："最近一段时间我们厂的效益一般，所以暂时没的扩招的打算。""哦，是这样。"在得到对方的否定答复后，这位业务员一点都没有感到尴尬。试想一下，如果一开始他就以郑重其事的态度向这位厂长提出这个问题，一旦遭到对方的拒绝，那么现场的气氛就可想而知了。

实际上在很多情况下，顺便提出的问题往往是自己要达到的真正意图，但是由于使用这种轻描淡写的方式顺便一说，就使自己变得更加主动，有退路可走，可以有效地防止因对方否定而造成的心理失衡。

6.触类旁通法

当你想提出一个要求时，可以先提出一个与此同属一类的问题，试探一下对方的态度。如果得到了肯定的信息，就可以进一步提出自己的要求了；如果对方的态度是明确的否定，那就免开尊口为好。

一位人打算调离本单位，但担心领导会当场给予否定，也担心这样做会给领导留下坏印象，从而影响日后的工作。于是，他这样对领导说："主任，咱们单位有的青年干部想挪挪地儿，你怎么看待他们的行为？"主任说："人才流动我是赞成的。"看到主任并不反对，他接着说："如果这个人是我呢？"主任说："那也不拦，只要有地方去。"他通过自己的提问摸清了领导的态度，不久便正式向领导提出了调动申请，自然也很快得到了同意的批复。

用触类旁通法进行试探，其好处是可进可退，在日常交际中这种方法应用广泛。

最后需要指出的是，避免出现尴尬并不是我们的最终目的，这些方法只是为了保护自己的尊严和面子而采取的一种策略性手段。但我们不能仅仅满足于此，应更多地研究一些在被对方否定的情况下，如何运用说话的技巧和方法扭转败局，争取最后的胜利。

一把钥匙开一把锁

现实生活中，我们都遇到过这种情况，那就同样一句话，说给不同的人听，往往会产生不同的效果。比如，你对甲说，甲会全神贯注地倾听，你对乙说，乙却可能会心不在焉；再比如，你对丙提出一个建议，丙可能一下子就接受了，可当你把这件建议说给丁时，丁却会把头摇得跟拨浪鼓似的。这样的情况在现实生活中十分常见，所以我们在说话时，先要看准对象，面对不同性格的人，就应该用不同的表达方式去应对，这样才能把话说对，让语言更有力量，也让自己更受欢迎。

下面为大家分别列出了生活中常见的十种不同性格的人的各种特点，以及在请求他们帮助时应该采用的与之沟通的方法，希望可以帮助到大家。

1. 沉默寡言型

这种性格的人一般来说话不多，与他们聊天时，常常是问一句他们才会答一句。面对这样的人，我们也不必担心无法与之交流，配合他们的节奏就可以了，该说多少说多少。而且，尽管这种人表面看起来有些不太随和，但实际上他们大多都是很有主见的人，所以，只要你说的话有理有据，顺耳中听，他们还是能够听进去的。

2. 喜欢炫耀型

这种人好大喜功，老是喜欢把"我如何如何"挂在嘴上，他们最爱听恭维和称赞的话。所以，当他们向你炫耀时，你一定要耐心地仔细聆听，听得越用心，称赞越充分，你求他们办事的成功率就越高。

3. 令人讨厌型

这种人似乎天生只会说一些刻薄话，好像控告他人、贬低他人、否定他人是他们生活的唯一乐趣。毫无疑问，这类人是最令求人成事者头疼的。但是有一点却是十分肯定的，即这类人也同样需要与人交往，也更希望得到肯定的态度。对于这种人，关键是不要被他的难听话唬住，也不要直接表现你的反感，而是要采取一种不卑不亢的高姿态随机地应答，这样才会有好的效果。

4. 优柔寡断型

这种人遇事没有主见，往往消极被动，很难作出决定。求这种人办事应牢牢抓住主动权，充满自信地运用语言技巧，不断地向他们提出积极而富有建设性的意见。多运用肯定性的语言，多作些有关回报保证的承诺，甚至替他们考虑帮助自己后的益处，当然不能忘记强调你是从他们的立场来考虑问题的。

5. 知识渊博型

这种人是最容易面对的，也是最容易让求人成事者受益的。当遇到这种人时，求人成事者应努力抓住机会，注意多聆听对方说话，同时还要适时给予真诚的赞许。这类人往往宽宏、明智，要想求他们办事，应该抓住要点，不需要说太多的话，也不需要花太多的心思，就可以达到目的。

6. 讨价还价型

这种人对讨价还价有特殊癖好，即使是给人一些微不足道的帮助也非要讨价还价不可，并且往往会为自己讨价还价的能力而自鸣得意。应对这种人的办法比较简单，可以在口头上作一些小小的恭维，比如可以这样对他说："我可是从来没有碰到过像你这样乐于助人的人啊！"或者说："给我个面子，怎么样？"这样，可以多少满足一下他的自尊心，既让他觉得比较合理，又能证明他的精明，这时候再求他们帮忙，就不会太难了。

7. 性情温婉型

这种人如果他没有充分了解每一件事，你就不能指望他会作出决定。对于这种人，必须以其人之道还治其人之身，千万不能急躁、焦虑或向他施加压力，应努力配合他的步调，脚踏实地地去证明、引导，慢慢就会水到渠成。

8. 性格急躁型

这种人往往精力过盛，做什么事情都快，因而对待这种人要精神饱满、清楚、准确而又有效地回答对方的问题，回答问题如果太拖泥带水，他们可能就会失去耐心，没听完就走。对待这种人，说话应注意简洁、抓住要点，避免扯一些闲话。

9. 心性善变型

这种人容易见异思迁，容易决定也容易改变。所以说，即使他拒绝了你的要求，也不代表你永远失去了机会，同样地，即使这一次他答应了你的请求，也并不代表下一次机样会答应你。所以，求他们帮助时，要提前做好应变心理准备。

10. 猜疑心重型

这种人容易猜疑，容易对他人的说法产生逆反心理。求这种人帮助关键在于让他了解你的诚意或者让他感到你对他所提疑问的重视，如："你提的问题切中要害，我也有过这种想法，但……"等等。这样，他会认为你在说真话，于是会认真提供你所需要的帮助。

一样米养百样人，世界上有多少人就有多少种应对说话的方法，以上十种类型的人仅供参考。只是要让你知道求人必须要"见人说人话，见鬼说鬼话"，用他喜欢的方式，说他爱听的话，只要他听得进脑袋里去，就有机会求人成功。

掌握求人办事的定律

俗话说，没有规矩不成方圆。任何事物的发展都有其一定的内在定律，求人办事也一样，在这个过程中，我们也应该遵循一定的定律，这样才能作到事半功倍。

1. 多听对方说

一般人常常只注意自己所说的话，而较少注意思考对方的话。而求人谈话，包括"听"和"说"两个部分，因此，两个方面都不能忽视。听话的时候别扫了对方的兴致，点头示意比贸然插嘴更讨人喜欢。

会说话的人在别人说话时都很注意听，然后恰当地提出自己的意见。最理想的谈话方式是听七分，说三分。如果你认真地听对方说话，便可以适时地发现问题、提出疑问。如果你没有认真听，只能说些含糊的话。前者是把对方的话再从你的嘴里说出来，说明你和对方同调，借着对方的言辞来承认他的价值，这样说会使对方认为你是一个善解人意的人，面对你的请求自然会考虑答应。

2. 多说好听的话

求人办事时应对所求之人给予恰到好处的赞扬，但也不能过度吹捧。多说些对方愿意听的话，尤其是顺便说与所求的事有关的方面称赞对方，不失为一种开口求人的巧办法。

一位大学老师想请某文化学者为自己的一本将要出版的书写书名。得知来访者的意图后，这位一贯以幽默著称的学者笑着说："题字啊，可以！但是，现代社会都讲究经济效益，请我题字是不是该付点钱呢？便宜一点儿吧，400块钱一个字，能接受吗？"

虽是开玩笑，但年轻的老师听出了学者的抱怨之意。于是，他说："先生，你的话只说对了一半，想得到您的墨宝，理应付钱。可是，您的字何止400块钱一个呢？打个比方，我想买一件4000块钱的衣服，这家商场没有，我还可以到别的商场去找，可您的墨宝只能出自您的手，天底下可是别无他处可寻啊！要我说，能得到您的一个字，我就得到了无价之宝，我付多少报酬都不够啊！"

几句好听的话说得这位听惯了恭维之词的学者竟然觉得"别有一番滋味在心头"，于是学者答应后欣然题写了书名。

3. 不该说的话别说

求人办事不同于聊天，必须循序渐进，不能草草了事，所以一定要注意自己的说话方式：

（1）喋喋不休，或者经常抢话，不给对方说话的时机。

（2）说话太快或者说话吞吞吐吐，说话的声音过小，使人听不清楚。这些都是不应采用的说话方式，这样只能让人感受到你的自卑。

（3）一副看穿别人的眼神和说话方式的表情，专挑别人不懂的术语或者专业词汇，这种说话方式往往会引起对方的反感。

（4）说些模棱两可的话。求人办事，要有明确的目标，激起对方的共鸣，模棱两可只能令对方失去兴趣。

（5）交浅言深，不分远近。这样说话给人华而不实的感觉。

（6）狂妄自大，吹嘘自己，轻视他人。尊重别人就是尊重自己，这都是做人的基本原则。

（7）谈论话题东拉西扯，不得要领，使对方难以掌握你说话的真正目的。

（8）在关键问题上搪塞，打马虎眼，说不出重点。如果所求不"明"，谁还会答应你呢。

4. 要积极不要消极

有些求人者愿意贬低自己，经常会慨叹："像我这样的人，一辈子只能是个可怜的小老百姓了！"你这样说的出发点虽是为了表现自己的谦虚，但如果你不想让别人认为你是个消极的人，最好不要用这种丧气的语气谈论自己。

当然，偶尔这样说说倒也没什么，但经常这样说就会成为你的习惯性说法了。对方听到这样的话，会如何做出反应呢？也许对方起初并没有十分在意，但如果每次见面都能听到你的这种腔调，就会渐渐产生无聊之感，不愿和你谈话了，甚至令你产生一种想法：这不是谦虚，而是真的没用。这就是心理学所说的"累积暗示效果"产生的作用。所以，贬低自己的话尽量少说，这样不仅毫无益处，而且会弄巧成拙，使对方认为你就是这样的一个人。设想一下，今天别人帮助你了，他当然希望以后你也能帮助他，但你一再申明自己毫无是处，那么后果就可想而知了。

5. 巧妙接茬

以忙碌为理由拒绝要求的对象，最好对他说："我就是因为你忙碌才要拜托你啊！"

一位杂志社的编辑很擅长向那些忙碌的名人邀约为其杂志写稿。他并没有什么过人的求人技巧，但对于名人们所说的"我现在很忙，恐怕帮不了你的忙"，他有一套很有效的说辞来应对。

"我当然知道你很忙，但正因为你是个忙人，我才会邀请你为敝杂志写稿。对于无事可做的人，我可不敢期待他们能有好的作品出现。"他运用这种方法已经达到了炉火纯青的地步，每次都能达到预期的目的。

一般来说，如果对方拒绝的理由非常清楚，那么想打动他已经是非常困难的事了。尤其对方的理由是我们早就知道且不得不承认的，那我们就更难以启齿了。这种人的心理防备都非常牢固。如果我们说："请尽量设法，好吗？"这样的说辞更增加了一种紧张感，更无法达到说服的目的。想使这种难攻的对象不得不答应，最好的办法是直接将对方拒绝的理由转化为夸奖对方的素材，这样做成功的可能性必然大大增加。

也就是说，巧妙地用对方拒绝的理由，逼迫对方不得不答应你的请求，对方虽然会显露不愿接受的表情，但事实上已经接受了这个请求。

Part9
这样解释，易于接受

如果我们每个人都能及时自我辩解，就会减少许多不必要的矛盾、纠纷，让对方知道你的立场和观点，加强彼此之间的理解、信任及合作，从而达到化"敌"为友的目的，你的人际关系也会和谐得多。

亡羊补牢弥口误

"人有失足，马有漏蹄"。同样，在人们的交际过程中，无论是谁都免不了会有语言失误的时候。虽然个中原因有别，但说错话造成的后果却是相似的，或贻笑大方，或纠纷四起，有时甚至会无法收场。

那么，能不能采取一定的补救措施或者矫正之术，去避免言语失误带来的难堪局面呢？回答当然是肯定的。下面就为大家介绍几种避免这种情况的说话小技巧。

1. 及时改口

历史上和现实中许多能说会道的名人，在失言时仍死守自己的城堡，因而惨败的情形不乏其例。

1976 年 10 月 6 日，在美国福特总统和卡特共同参加的为总统选举而举办的第二次辩论会上，福特针对《纽约时报》记者马克斯·佛朗肯关于波兰问题的质问，作出了"波兰并未受苏联控制"的回答，并说："苏联强权控制东欧的事实并不存在"。这一发言在辩论会上属明显的失误，因此立即遭到记者的反驳。但反驳之初佛朗肯的语气还比较委婉，意图给福特以订正的机会。他说："问这一件事我觉得不好意思，但是您的意思难道在肯定苏联没有把东欧划为其附属国？也就是说，苏联没有凭军事力量压制东欧各国？"

福特如果当时明智，就应该承认自己失言并偃旗息鼓，然而他觉得身为一国总统，面对着全国的电视观众认输，绝非善策，于是继续坚持，一错再错，结果为那次即将到手的选举付出了沉重的代价。刊登这次电视辩论会的所有专栏、社论都纷纷对福特的失策作了报道，他们惊问："他是真正的傻瓜呢，还是像只驴子一样的顽固不化？"

卡特也乘机再三提问，闹得天翻地覆。

高明的辩论家在被对方击中要害时决不强词夺理，他们或点头微笑，或轻轻鼓掌。如此一来，观众或听众弄不清楚其葫芦里藏的什么药。有的人从某方面理解，认为这是他们服从真理的良好风范；有的人从另一方面理解，又以为这是他们不屑辩解的豁达胸怀。而究竟他们认输与否是个未知的谜。这样的辩论家即使要说也能说得很巧，他们会向对方笑道："你们讲得好极了！"

相比之下，里根就表现得高明许多。

一次，美国总统访问巴西，由于旅途疲乏、年岁又大，在欢迎宴会上，他脱口说道："女士们，先生们！今天，我为能访问玻利维亚感到非常高兴。"

有人低声提醒他说溜了嘴，里根忙改口道："很抱歉，我不久前访问过玻利维亚。"

尽管他并未去玻利维亚，当那些不明就里的人还来不及反应时，他的口误已经淹没在后来滔滔的大论之中了。这种将说错的地点、时间加以掩饰的方法，在一定程度上避免了当面丢丑，不失为补救的有效手段。可是，这里需要的是发现及时、改口巧妙的语言技巧，否则要想化解难堪也是困难的。

在实践中，遇到这种情况时，有三个补救办法可供参考：

移植法。就是把错话移植到他人头上。如说："这是某些人的观点，我认为正确的说法应该是……"这就把自己已出口的某句错误纠过来了。对方虽有某种感觉，但是无法认定是你说错了。

引申法。迅速将错误言辞引开，避免在错中纠缠。就是接着那句话之后说："然而正确说法应是……"或者说："我刚才那句话还应作如下补充……"这样就可将错话抹掉。

改义法，巧改错误的意义。当意识到自己讲了错话时，干脆重复肯定，将错就错，然后巧妙地改变错话的含义，将明显的错误变成正确的说法。

2. 顾左右而言他

某校某班在一次高考中，数学和外语成绩突出，名列前茅。校长在评功总结会上这样说：

"数学考得好，是老师教得好；外语考得好，是学生基础好。"

在座师生听罢沸沸扬扬，都认为校长的说法显得有失公正。一位教师起身反驳："同一个班，师生条件基本相同。相同的条件产生了相同的结果，原是很自然的事，不公平地对待，实在令人费解。原有的基础与而后的提高，有相互联系，不能设想学生某一学科基础差而能提高得快，也不能设想学生某一学科基础好而不需要良好的教学就能提高。校长对待教师的劳动不一视同仁，将不利于团结，不能调动广大教师的积极性。"

"大家都看到了吧，×老师能言善辩，真是好口才。很好，很好！言者无罪，言者无罪。"

尽管别人猜不透校长说这句话的真实意思，然而却不得不佩服他的反应能力：他为自己铺了台阶，而且下得又快又好。听了上述回答后，无人再就此问题对校长跟踪追击。

既要撤退，就不宜作任何解释，善辩无异于作茧自缚，结果无法摆脱。

3. 借题发挥

有一次，司马昭与阮籍同上早朝，忽然有侍者前来报告："有人杀死了母亲！"

放荡不羁的阮籍不假思索便说："杀父亲也就罢了，怎么能杀母亲呢？"

此言一出，满朝文武大哗，认为他"有悖孝道"。阮籍也意识到自己言语的失误，忙解释说："我的意思是说，禽兽才知其母而不知其父。杀父就如同禽兽一般，杀母呢？就连禽兽都不如了。"

一席话，竟使众人无可辩驳，阮籍便免了杀身之祸。

其实，阮籍在失口之后，只是使用了一个比喻，就暗中更换了题旨，然后借题发挥一番，巧妙地平息了众怒。

俗话说，"亡羊补牢，为时未晚"。在社交场合，谁都难免有说错话的时候，这时候你们不要慌，正确的方法是及时采取补救的措施，把说错的话再巧妙地圆回来，这样就可以在很大程度上减少因说错话而给自己的社交关系带来的负面影响。

恰到好处地"和稀泥"

　　无论是朋友之间，同事之间还是熟人之间，有交往，就会有矛盾，谁也不能避免跟别人产生意见分歧的局面。有了分歧，摩擦和争执就会由此产生，从而对人际关系带来不好的影响。有时候，我们会成为这种分歧或矛盾中的主角，有时候我们只是旁观的第三者，其实，无论是作为主角还是作为旁观者，我们都应该尽可能把这种矛盾大而化小，小而化了。尤其作为旁观的第三者，更应该掌握一些化解朋友之间摩擦的小方法，这样不仅可以帮助朋友，同时也可以增添自己的个人魅力，从而在朋友中树立威信。

　　对于朋友之间无关紧要的小摩擦，作为在场的第三者，我们不妨采用"和稀泥"的方法来调解，这一方法也是口才高手们在公众场合经常使用的一招。当然，在某些特殊情况下，是不宜"和稀泥"的，但对于无关原则、无关大是大非的小分歧和争吵，就不妨可以试一试这个方法。

　　"小志，你就让一步嘛，小齐又不是故意的，再说，为了一句无意的话，值得你动怒吗？咱们可是十多年的朋友呀！"小海说完，又转身对小齐说："小齐，你就向小志道个歉嘛，向老哥们道歉不是什么丢人的丑事，十多年的交情可比你的'面子'重要啊！道歉后，你、小志和我，咱们都还是铁哥们嘛。"

　　在小海的两边劝说下，小志和小齐碰了一下杯，酒席上的气氛又热闹起来。小海两边劝和，使气氛重新变得融洽，这就是"和稀泥"。

一般来说，"和稀泥"分为以下几种情况：

1. 以情制胜

当两人闹意见时，第三者可以拿双方过去的情分来打动他们，使他们主动"退却"。或者以自己与他们每个人之间的情谊作筹码，说："你们都是我的好朋友，你们闹僵了，让我也很难过，就看在我的面子上，握手言和吧。"一般说来，双方都会给第三者这个面子的。

2. 支离拆分

如果双方火气正旺，大有剑拔弩张、一触即发之势，这时，第三者即可当机立断，借口有什么急事（如有人找，或有急电），把其中一人支开，让双方脱离接触，等双方消了火气，头脑冷静下来了，争端也就趋于平息了。

当然，"和稀泥"要和得好，和得妙，否则，不但对方不领你的情，反而还会溅你"一身泥"，怪你"多管闲事"。因此，"和稀泥"要谨慎，要恰到好处，才能皆大欢喜。

另外，在"和稀泥"之前，你也得先掂掂自己的分量。假如你的年龄比别人轻，辈分比别人小，就不适宜出面和稀泥，因为人微言轻，没有人会尊重你的意见。如果是领导之间发生争论，你更不宜出面，因为领导会认为你一个普通员工没有资格去调停他们之间的"战争"，再说，他们之间的争论有时还涉及公司的商业秘密，而这些都是不能被普通员工知道的。你如果站出来去调停，就有泄密之嫌。再比如，恋人之间发生争吵，也不要贸然去劝说，除非是得到了一方的暗示或者是邀请，否则，就有可能越和越乱，越和越糟。

糊里糊涂说糊涂

假糊涂，是真聪明之大哲学。聪明的人说"糊涂"话是为了平息事端，减少麻烦，使彼此不再较真，使矛盾不再激化。如果事事都做到眼里揉不得沙子，那么，这"沙子"就可能会把事情搅得不好收场，或者使事情难以朝好的方向发展。因此，要善于把握说"糊涂话"的技巧。

1. 以糊涂应变

当某种局面难以左右时，可以糊涂地应付过去。这样既可以保全自己的面子，也可以使对方的言语或行为失去应有的效力。

第一次世界大战后，土耳其获得独立。英国伙同法、意、俄等国，在洛桑与土耳其谈判，企图继续奴役土耳其，迫使土耳其签订不平等条约。土耳其代表伊斯美外长提出本国条件时，一下子触怒了英国外相，他咆哮如雷，挥拳吼叫，恫吓加威胁，其他列强也助纣为虐。

伊斯美一声不吭，等英国外相喊完了，他才不慌不忙地张开右手靠在耳边，把身子移向英国代表十分温和地说："阁下，您刚才说什么，我还没有听清楚呢！"如此装聋作哑，立刻使对方的恫吓变得毫无价值。

2. 以糊涂获利

装糊涂有时还能引起别人的兴趣，并从他们的兴趣中获得收益。

美国第九任总统威廉·亨利·哈里森原出生在一个小镇上。他小时候是个文静怕羞的孩子，人们都把他看做傻瓜，常喜欢捉弄他。他们经常把5美分硬币和一枚10美分硬币扔在威廉的面前，让他任意捡一个，威廉总是捡那个5美分的，而且傻笑着对行人说："我喜欢要这个，这一个值钱！"于是大家都嘲笑他。有一天一位好心人问他："难道你不知道10美分比5美分值钱吗？""当然知道，"威廉慢条斯理地说，"不过，如果我捡那个10美分的，恐怕他们就再也没有兴趣扔钱给我了。"

3. 以糊涂容人

在一些细节问题上不要太较真，否则，会让人感到你心胸狭隘。为了表现自己的宽宏大量，糊涂话有时就派上了用场。

唐代宗时，郭子仪在扫平"安史之乱"中战功显赫，成为复兴唐室元勋。因此，唐代宗十分敬重他，并且将女儿升平公主嫁给郭子仪的儿子郭暖为妻。这小两口都自恃有老子作后台，互相不服软，因此免不了口角。

有一天，小两口因为一点小事拌起嘴，郭暖看见妻子摆出一副臭架子，根本不把他这个丈夫放在眼里，于是便愤懑不平地说："你有什么了不起，就仗着你老子是皇上！实话告诉你吧，你父亲的江山是我父亲打败安禄山才保全的，我父亲因为瞧不上皇帝的宝座，所以才没当这个皇帝。"升平公主听到郭暖敢出此狂言，觉得自己终于找到了出气的机会和把柄，立刻奔回宫中，向唐代宗汇报了丈夫刚才这番图谋造反的话。她满以为父皇会因此严重惩罚郭暖，替她出气。

可没想到唐代宗听完女儿的汇报，不动声色地说："你是孩子，有许多事你还不懂得。我告诉你吧：你丈夫说的都是实情。天下是你公公郭子仪保全下来的，如果你公公想当皇帝，早就当上了，天下也早就不是咱李家所有了。"另外，他还劝慰升平公主，让她不要抓住丈夫的一句话而乱扣"谋反"的大帽子，小两口要和和气气地过日子。在父皇的耐心劝解下，公主消了气，自动回到郭家。

这件事很快让郭子仪知道了，可把他吓坏了。他觉得，小两口打架不要紧，儿子口出狂言，近乎谋反，这着实叫他恼火万分。郭子仪即刻令人将郭暧捆绑起来，并迅速到宫里面见皇上，要求皇上严厉治罪。可是，唐代宗却和颜悦色，一点也没有怪罪的意思，还劝慰说："小两口吵嘴，话说得过分点，咱们当老人的不要太认真了。俗话说：'不痴不聋，不为家翁。'儿女们在闺房里讲的话，怎好当起真来？咱们做老人的听了，就把自己当成聋子和傻子，装作没听见就行了。"听到皇帝这番入情入理的话，郭子仪的心就像一块石头落了地，顿时感到轻松，眼见得一场大祸化作了芥蒂小事。

虽然如此，为了教训郭暧的胡说八道，回到家后，郭子仪将儿子重打了几十杖。

小两口关起门来吵嘴，在气头上，可能什么激烈的言辞都会冒出来。如果句句较真，就将家无宁日。唐代宗用"老人应当装聋作哑"来对待小夫妻吵嘴，不因女婿讲了一句近似谋反的话而无限上纲，化灾祸为欢乐，使小两口重归于好。

有些事情，你非要硬去较真，就会愈加麻烦，相反，你若装痴作聋，来他个"难得糊涂""无为而治"，也许会有满意的结果。

聊天时要避免产生误会

　　人与人之间在沟通时，如果使用含糊不清的言辞或替代词，就有可能造成对方的误会。因此，但凡是口才高手在说话时，都会注意到这一点。但在生活中，大多数人还是由于种种原因，在说话时，由于使用了不恰当的替代词，从而造成了误解。被人误解时，受委屈的一方往往是只顾生气、怨恨，而常常忘了自己最应该做的事情是向对方解释清楚。唯有如此，误会才会消除，双方之间的感情也不会因误会而受到伤害。

　　有一个男孩和一个女孩，两个人从小一起长大，关系一直很好。转眼女孩快过 20 岁生日了，男孩带着她到了一家百货商店，在珠宝柜台前，女孩停住了脚步，那带着耀眼光芒的心型金项链，深深的吸引了她的目光。男孩走过来，看了看标签上长长的数字，终于还是退缩了，拉着女孩走开了。

　　转眼女孩生日到了，许多朋友都来祝福，看着洋溢着幸福的女孩，男孩从口袋里拿出了那条心形的项链放在了女孩的手心里。女孩开心极了，当着那么多朋友的面，亲吻了男孩。男孩的脸通红通红，低声说了句：如果是铜做的，你还会喜欢吗？虽然他的声音是如此的小，但是几乎在场的人都听得到了。

　　女孩听了后，把项链揉成一团塞进了牛仔裤的口袋里。她知道他很穷，

但是她固执的认为如果他真的爱她，就会像电影里的男主角那样用尽一切办法去赚钱来给自己买生日礼物，而不是拿一串铜项链来敷衍她。慢慢的，女孩疏远了男孩。过了半年，女孩又遇到了另外一个男人。当这个男人把闪耀着光芒的饰品挂在她胸前时，他也彻底俘虏了她的芳心。男人的成熟，男人的气质，男人的呵护，男人的慷慨，使女孩感觉自己是世界上最幸福的女人。

他们很快就同居了。不久，她怀孕了。但这时她却发现，她如此深爱的男人消失了。在无助的等待和寻找中，女孩越来越贫穷了。没办法，她捧着男人送她的一大堆金饰品走进了当铺。"小姑娘，你拿那么多镀金的饰品来干嘛？"当铺老板惊讶的问，女孩顿时惊呆了，泪水夺眶而出，转身就想离去。

"等等，这条项链好像是真的。"老板拿着一条心形的项链说："你想当吗？"女孩看了一下，这正是生日时男孩送她的礼物，女孩一把夺过金项链，冲出了当铺的大门。

为什么恋爱的双方会产生误会？女孩的虚荣固然有一定责任，但是男孩不明确的态度也是使误会产生的主要原因。如果男孩能在女孩疏远他时，和女孩好好的沟通，那么也许一段恋情就不会这样结束。

那么，出现误解之后如何化解呢？谁能放下怨恨的包袱，迈出关键的第一步至关重要。当一方主动道歉时，另一方应该放下成见，心胸宽大地原谅对方。这样，一段美好的感情就不会因误会而产生怨恨，由怨恨而分手了。

以下两点是与人沟通时有了矛盾，需要向对方道歉时的建议：

1.比对方先说"对不起"

当你首先说你很抱歉的时候，对对方来说，这就表示你愿意开放你的耳朵倾听他的抱怨。简短地向他说你抱歉的原因，不要作任何解释，越简短效果越好。

2. 认真倾听对方的反应

向对方说抱歉，表示你关心他的感受，愿意倾听他的表达，一旦他表达完了，千万不要向他解释或和他争辩。他需要的只是一个忠实的听众，如果他还有更多话要说，就让他说个痛快，当然听对方抱怨不是件容易的事，只要你尽力去做就行，毕竟一时的忍耐可以换来长久的愉快。

善打圆场，解他人之围

在一些陌生的场合，我们经常会碰上一些尴尬的事情，这时如果你能主动帮助别人解围，就会给对方留下好的印象。而善于打圆场，善于为别人解围，这也是在陌生场合赢得陌生人好感的一个方法。

一位老诗人和一位青年女作家一同前往美国进行访问。他们在一所博物馆广场上散步时，恰巧有两位美国老人在旁休息，看见他们，两位美国老人很热情地迎上来交谈。其中一位老人为表达对中国人的感情，热烈地拥抱那位女作家，并亲吻了一下。

女作家十分尴尬，一时间不知所措。

另一位老人也抱怨那老人说，中国人不习惯这样。那位拥抱过女作家的老人，像犯了错误似的呆立一旁。

老诗人赶忙上前微笑着说："呵，尊敬的老先生，您刚才吻的不是这位女士，而是中国，对吧？"

"对，对！我吻的既是这位女士，也是中国！"那老人马上笑着说道。

尴尬的气氛在笑声中烟消云散了。

主动为对方圆场，可以避免双方的尴尬，不但能把对方从窘境中解脱出来，而且还能为自己赢得他人的好感。不过，要想让自己成为口才高手，在与陌生人打交道时，还应该注意以下几点：

1. 对陌生人表示关心

我们对于自己的亲人、朋友付出关心并不难，但却不愿对陌生人付出关心。事实上，用温暖的话语去表示你对陌生人的关心，是最容易打动人心、最容易感化人的。

2. 谈话时多用"我们"

如果你总是以"我"为主语，开口、闭口不离"我"字，也很容易引起对方的反感，因为说话是需要双方交流的。无论你的话题多么有趣，但如果只是以自己为中心，就会给人一种目中无人、妄自尊大的感觉，而这样的谈话绝对不会愉快。

3. 给别人说话的机会

不要独自占用说话时间，也不要打断别人说话或抢着说，更不要故意提一些刁钻的问题，使对方难堪。在对方说话时，应该认真地听，只说不听是对对方的不尊重。

Part10
会聊天，才能有逻辑地说服别人

　　无论是在现实生活中还是工作中，都难免遇到与我们意见相左的人，这时候，说服对方就是我们必须要面对的一个课题。因此，掌握说服他人的语言艺术，也就成为我们每个人必备的能力之一。无论是一击而中，还是请君入瓮，总之，能够说服别人不仅是我们能力的体现，也是我们在交际中如鱼得水的强大保障。

找准"命门"，一击而中

如果你的说服对象是有理性、经验丰富的人，那么你可以用摆事实、讲道理的怀柔手段加以说服；倘若对方不通情理、不可理喻，那么怀柔手段就不一定能奏效了。这时候你大可直接提出最终条件，攻击对方的弱点，希望对方能改变立场。例如，在商务谈判中，当对方贪得无厌、得寸进尺时，就不必再和他继续磨下去，可直接告诉他，你的权限只能让步到此，要是对方仍不满意，这件事也只好到此为止，如果对方真想成交，就不会要求你再作任何退让了。

至于低姿势和高姿态，何者较优，要视问题与对象而定，只要怀柔时不致卑屈，威胁时不留余怨，则会各具神妙；如有必要，还可融合二者，软硬兼施。比如交涉之初，先由一人扮演黑脸，采取强硬立场，作狮子大开口的要求，最后再由一位很少开口的好好先生，充当白脸，缓和剑拔弩张的紧张场面，提出和前者相比之下，算是合理的条件，使人以为，事情如果不这样是会更糟糕的，所以虽只削减一点，但对方已很满意于自己的成就，因而交涉也能顺利完成。

公元前262年，秦国大将白起率兵攻打赵国首都邯郸。赵国顽强坚守，同时派人去向魏国和楚国求救。

赵国相国平原君估计魏国有信陵君这位知情达理的好友在，自然能劝说魏安僖王发兵来救。但楚国前几年刚败给秦国，连首都也被白起攻陷过，楚王畏秦如虎，恐怕不会轻易答应出兵救赵。于是，平原君决定要亲自前去楚国交涉。他从门客中挑选20名文武全才的人去，打算先好言相劝，如不成功就用武力逼迫楚王出兵。

平原君从3000个门客中挑选了19人，可最后一人地再也找不出来。正在平原君着急之时，忽然坐在末位的门客站起来，自告奋勇愿意同平原君一同去楚国。因为平原君急于用人，所以就同意了。这位末位的门客名叫毛遂，这件事当然就是历中上著名的"毛遂自荐"。

平原君带领20个门客来到楚国，楚考烈王在朝堂上接见他们，并商讨合纵抗秦之事。果然楚考烈王害怕秦国，任凭平原君磨破嘴皮，始终不肯出兵。两人从早上一直谈到中午，毫无结果。毛遂等得不耐烦了，他按着宝剑，大步闯入堂上，扯开嗓门喝道："合纵不合纵，只要一句话就行了，干吗要从早罗唆到中午！"考烈王见"不速之客"闯进来，生气地问平原君："他是什么人？"平原君说："我的门客。"考烈王冲着毛遂骂道："滚出去，我正与你主人商量国家大事，你上来干什么！"毛遂双目圆睁，手按腰间宝剑，向前靠近八步，说："大王，你敢斥骂我，不外是仗着楚国的军队，现在我与你相距不到十步远，楚国的军队救不了你。大王你的性命，就看我是否出剑了。当着我的主君的面，你就这样怒骂我，不是太失礼了吗？"考烈王见毛遂杀气腾腾，不禁害怕起来，换了副笑脸，说："先生有什么话要说？"毛遂停了停，说："我听说商朝的汤王，起初只有70里的地盘，后来打下了江山。周文王原来也只有百里土地，后来一统天下。他们靠的不是兵多地广，而是能根据形势发展实力。楚国土地有5000里，精兵上百万，按说更有条件称霸。但现实情况怎么样呢？白起那小子不过是个酒囊饭袋，但他率领几万军队与楚国交战，头一战就占领了你的都城，逼得你迁都到这陈州；第二战掘了楚国先王的陵墓；第三战就把你祖先的宗庙烧光，连你九泉之下的祖先都遭到侮辱。这百年难忘的仇恨，连赵国都为你感到害羞，难道大王你还不觉得耻辱吗？今天平原君来与你商讨合纵抗秦的事，正是要为楚国报仇，哪里只是为了赵国呢！"

毛遂的话唤起了楚王对秦国的仇恨，他的每句话都像刀子一样扎在考烈王的心坎上。考烈王脸涨得通红，连声说："是！是！"毛遂又紧紧追问道："大王决定了吗？"考烈王说："决定了。"毛遂当即叫人拿来鸡血、狗血、马血，他端起盛血的铜盘，跪着举到考烈王面前，说："赵、楚两国正式订立合纵抗秦盟约，请大王先歃血。"考烈王与平原君当场歃血为盟。台下那19个门客，眼都看直了，楚王殿上的大臣也被毛遂这一系列举措惊呆了。事后平原君感慨万分，对人说："我自以为知人善任，想不到却小看了毛先生。"自此，毛遂也成了平原君的得力谋士，为赵国出了不少力。

毛遂正是用攻击楚考烈王的弱点的方法，说服楚王与赵国联合对付秦国。

已故的前美国总统肯尼迪有个习惯，那就是在与他人会谈之前都会收集对方所有的演说辞、发表过的一切谈话，甚至对方的餐饮习惯和喜爱的音乐，也在他希望了解的范围，目的是他要了解对方是如何思考和处理事情的，以便会谈时能够直攻要害、一举获胜。后来，事实证明，他这种掌握对方心理的策略是十分成功的。

当我们说服别人时，也应该留心对方的弱点，再针对要害作重点式的攻击，使对方无力招架。因此，了解对手的个性是非常重要的，如果对方是一个好大喜功的人，你就多奉承、褒奖他，使之飘飘然，再相机提出要求；

如果对方是一个优柔寡断、多愁善感的人，可以低姿态，使他产生怜悯之心，对你的要求断然无法拒绝；如果他是个轻诺寡信之人，就得运用速战速决的战略，一旦谈妥，立即写成书面文件，双方签字，即使事后觉得不妥，也无法反悔；而如果对方是一个喜欢贪小便宜的人，就让他在无关紧要之处多尝一点甜头，而在重要的关头坚守原则，不作任何让步，并反过来占他一个大便宜……说服的手段是应该这样灵活多变、因人而异的。

除了人性的弱点之外，其他的机会也是可以利用的。例如当买方得知卖方因投资过大，一时周转发生困难，急于将货物脱手以求现，这时在价格上，就可以谈出一个相当的折扣；另外，你也可以夸人对方商品本身的缺点，使卖主感到气馁，丧失原有的自信心，怀疑货品真的是瑕疵百出，只好以较低的金额成交。

总之，想完成说服目标，就绝不可能含糊其事。适者生存，唯有抢先一步采取行动，才有胜算可言。不过，说服者在态度上要婉转温和，不可盛气凌人，凡事给人留得余地，因为强弱势的跌涨并不是绝对的，就像人一样，弱者有时也会随着时间的流逝而发生转变，表现出惊人的力量来，所谓"风水轮流转"就是这个道理。

因此，利用对方弱点来交涉，在技巧的运用上，要能不露痕迹，才能毕其功于一役。

在日常的说服工作中，说服者应对有关情况作相应的了解，找到其易于攻击的弱点，将其说服。

有时候，请将不如激将

在说服中，说服者一般居于客位，当说服对象不肯轻易顺说服者的意见，甚至显示出一种居高临下的姿态时，如果说服者能用自己的道理，透辟、铿锵有力的谈话压制住对方，从而让对方屈从和改变主意的谈话方式，就是反客为主。历史上诸葛亮出使东吴，游说孙权与蜀联合抗曹的故事，就是反客为主说服的最佳例证。

三国时期，曹操率领大军南征，刘备败退至樊口，无力反击，大有坐以待毙之势。以刘备单独的力量，绝对无法与曹操的势力相抗衡，解决的办法只有一个，就是与江东的孙权联手。此时，诸葛亮自愿出使到江东做说客。他此行的目的很明显，就是要把孙权卷进这场战争。诸葛亮的这次游说便是采用"反客为主"的方法，摆出一副强硬的态度，硬是激发了孙权的自尊心。

当时，东吴孙权自恃拥有江东全土和10万精兵，又有长江天堑作为天然屏障，大有坐观江北各路诸侯恶斗的态势。他断定诸葛亮此来是做说客，采取了一种居高临下的姿态等待着诸葛亮的哀求。

不想诸葛亮见到孙权，开门见山地说道："现在正值天下大乱之际，将军你举兵江东，我主刘备募兵汉南，同时和曹操争夺天下。但是，曹操几乎已经将天下大乱完全平定了，现在正进军荆州，名震天下，各路英雄尽被其所网罗，因而造成我主刘备今日之败退，将军你是否也要权衡自己的力量，以处置目前的情势？如果贵国的军势足以与曹军相抗衡，则应尽快与曹军断交才好。若是无法与曹军相抗，则应尽快解除武装，臣服于曹操才是上策。将军你的心里是否已定好方针，决定臣服于曹操？时间剩下不多，再不作决定就来不及了。"

诸葛亮此番话语，似乎是专门为东吴的利益指点迷津，却完全不提联吴抗曹的请求。孙权当年只有26岁，是位血气方刚的青年，诸葛亮明知他不会轻易投降，屈居曹操之下，只是采用反客为主的策略，激发孙权的自尊心。

孙权听完诸葛亮一席话，虽然不高兴，但不露声色，反问道："照你的说法，刘备为何不向曹操投降呢？"诸葛亮答道："你知道田横的故事吗？他是位齐国的壮士，忠义可嘉，为了不服侍二主，在汉高祖招降时他不屈而自我了断，更何况我主刘备乃堂堂汉室之后，钦慕刘皇叔之英迈资质而投到他旗下的优秀人才不计其数，不论事成或不成，都只能说是天意，怎可向曹贼投降？"

这一激，直激得孙权怒火中烧，他激动地说："我拥有江东全土以及10万精兵，岂能受人支配，我已决定抗曹。"于是诸葛亮的游说首战告捷。

孙权虽然决定与刘备联手，但对曹操大军还是有一些惧怕。诸葛亮看出这一点，进一步采用分析事实的方法说服孙权。

"的确，刘备是一败涂地，想要整军是较困难。但曹操大军长途远征，这是军中大忌。他为追赶我军，轻骑兵一昼夜急行三百余里，已是'强弩之末'。且曹军多系北方人，不习水性，不惯水战。再则荆州新失，城中百姓为曹操所胁，决不会心悦诚服。现在假如将军的精兵能和刘备并肩作战，定能打败曹军。曹军北退，自然形成三分天下的局面，这是难得的机会，现在全看你的决定了。"诸葛亮用分析的方法指出曹军的弱点，是要解除孙权的不安和担心。果然孙权在诸葛亮激起自尊后又听到他中肯的分析，心情大悦，增强了信心，遂同意了诸葛亮提出的吴、蜀联手抗曹的主张，这才有后来举世闻名的"赤壁大战"。诸葛亮这次出使成功，与他正确运用"反客为主"的游说手法不无关系。

说服者在说服过程中，应争取把握主动权，占据有利的优势，这样做容易使说服对象在你的强大攻势下，屈从你的观点。如此一来，你的说服自然会事半功倍。

抛出"诱饵"，请君入瓮

在现在的许多广告中，你会发现，广告商总是精心设计一些"诱饵"，让消费者自己走进其中。例如：很多美容院往往打出了免费美容的招牌，让很多女士跃跃欲试，结果去了之后才发现，传单上的免费是有限度的，你只有做够了一定金额的主体美容之后，才能送你一个免费的附加服务，像皮肤测试、修眉等。

还有的大商场进行"打折活动"，即一次性购物满 1000 元，就送 500 元的优惠券。这样，表面上来看是在打五折。但是，由于返的是购物券，因此顾客还必须在本商场消费才能享受这个优惠，事实上，羊毛还是出在羊身上。

其实，说服同这种商业促销一样，你也可以施展一定的"诱惑"让对方自己"上钩"，从而达到说服的目的。

一天，一位漂亮的姑娘正走在马路上。突然她发现后面有一个陌生人在后面一直跟着她，她不知该怎么办，就这样又走了一段路，她回过头来对那个人说："你为什么老跟着我？"

那人说："小姐，你太迷人了，我真心爱你，让我们交个朋友吧！"

这位女士嫣然一笑，说："谢谢你的夸奖，在我后面走的姑娘是我同伴，她比我更美。""真的吗？"那人非常高兴，马上回过头去，但却什么人也没看见。

他知道上当了，又去追赶前面那位漂亮姑娘，质问她为什么骗人。

女士说："不，是你骗了我，如果你真心爱我，为什么去看另一个女人，经不起考验，还想跟我交朋友，请你走开！"

陌生人被说得面红耳赤，讪讪地溜走了。

这个聪明的姑娘之所以能摆脱陌生人的纠缠，就是顺着对方贪图美色的心理，投其所好，设计诱之。对方不知是计，结果上当。

从这个实例中可以得出一个结论，那就是服中的投其所好术，实际也是一种"诱敌"战术，即抓住对方的需求和动机，设下圈套，诱敌深入，对方进入伏击圈后，你就可猛烈出击，战胜对方。

美国《纽约时报》的总编辑雷特就是用这种方法求得一位贤才鼎力相助的。当时，雷特是格里莱办的《纽约论坛报》的总编辑，身边正缺少一位精明干练的助理。他的目光瞄准了年轻的约翰·海。

但是，当时约翰·海刚刚从西班牙首都马德里卸除外交官一职，正准备回到家乡伊利诺伊州从事律师业。该怎样才能使这位年轻有为的青年人抛弃自己的计划，而在自己的报社里就职呢？雷特想到了一个好办法。首先，他邀请约翰到联盟俱乐部去吃饭。饭后，他向约翰提议到报社里去玩玩。把约翰带到报社后，他便趁机让约翰帮他为一段重要的国际新闻写社论。约翰自然无法拒绝这个小要求，于是提起笔来就开始写。约翰的社论写得很精彩，格里莱看后也倍加赞赏。于是雷特请他再帮忙顶缺一个星期，一个月，渐渐地干脆让他担任了这个职务。约翰·海就这样在不知不觉中放弃了回家乡做律师的计划，而留在纽约做新闻记者了。

雷特凭着这一条策略，猎获了他物色好的人选。而约翰·海在试一试、帮朋友的动机下，毫无压力地、兴致很高地扭转了他人生航船的方向。事前，雷特一点也没有泄露出他的意思，他只是劝诱约翰·海帮他赶写一篇小社论，事情于是很圆满地实现了。

有一位房屋营销员正在推销甲乙两座房子，他想卖出甲房子，因此他在和顾客交谈时说："您看这两座房子怎么样？现在甲房子已经在前两天被人看中了，要我替他留着，因此您还是看看乙房子，其实它也不错。"

顾客当然两座房子都要看，而营销员的话语也在顾客心中留下了深刻的印象，产生了一种"甲房子被人看中，肯定比乙房子好"的想法。到这里，营销员已经很圆满地设下一个圈套，也可以说是出色地完成了整个营销工作的一半了，就等顾客来钻这个圈套。

过了几天，营销员兴高采烈地找到顾客，说："您现在可以买甲房子，您真是幸运，以前订甲房子的顾客由于钱紧，决定暂时不买房子了，于是我就把这所房子留给了您。"

听到这，顾客当然很高兴自己能有机会买到甲房子，现在自己想要的东西送上门了，眼下不买，更待何时，因此，买卖甲房子的交易很快达成了。

在这个例子中，营销员稳稳地掌握住顾客的心理，通过设圈套把顾客的注意力吸引到甲房子上，又给他一个遗憾，甲房子已被订购，刺激起了他对甲房子更强的占有欲，最后很轻松地就让顾客高高兴兴地买下了甲房子，真是令人叹服！

兵法三十六计中，有一计称为"诱敌深入"。既然是"诱"，就必须有一定的基础，就像钓鱼离不开诱饵一样，要引起对方对你的计划的热心参与，可以先诱导他们先尝试一下，可能的话，不妨使他们先从做一点容易的事入手。这些容易成功的事情，在他们看来，往往是一种令人兴奋的真正成功，他参与的欲望被调动起来，就是你掌握主动的时候了。

形象化的语言更具说服力

著名作家、编辑李准曾自负地说："没有点绝招，怎么能成为合格的作家呢！我的看家本事就是，能够三句话叫人落泪，三分钟的戏，我可以把读者的心放在手心里揉，让他噙着眼泪还得笑。"

这一年，恰逢"常香玉舞台生涯五十周年庆祝会"。常香玉是我国著名的豫剧表演艺术家，文艺界的名流纷纷前为来为她祝贺，李准是她的好朋友，自然也到场了。

著名导演谢添平时就很爱开玩笑，这一次他拉住李准说："我之前就听说过你有一个'绝招'，叫'三句话叫人落泪'，一直没见识过，这一次，我要当众试试你。你今天就在这里说几句话，如果能让常香玉哭一场，我才服你。"

李准看看众人，似乎有点为难，他摊摊手对常香玉说："香玉，你看看老谢！今天是你大喜的日子，他偏偏让你哭，这不是难为人吗？"

常香玉说："你今天能让我哭，你算真有本事！"

谢添说："或者签字认输也行！"

李准当然不会服输，于是他接说道："香玉，咱们能有今天，多不容易啊，论起来，你还是我的救恩人呢！我十来岁那年，跟着逃荒的难民群到了西安，眼看人们都要饿死了，忽然有人大喊：大唱家常香玉放饭了，河南人都去吃吧！哗——人们一下子都涌了上去，我捧着粥，泪往心里流，想，日后见到这个救命恩人，我给她叩个头。哪想到，'文化大革命'

中，你被押在大卡车上游街，让你'坐飞机'，我站在一边，心里又在流泪，我真喊一句，让我替替她吧，她是俺的救命恩人哪！"

"老李！你……别说了！"

常香玉猛然打断了李准的话，捂住脸，转过身，满脸泪水滚下来。

大厅里没有一点声息。众人望着李准，沉浸在他讲的故事里，忘记了这里的打赌，连谢添也轻轻吸了一下鼻子……这一次，大家是真正的服了。

李准能说哭常香玉，靠的除了真挚的感情，还有生动形象的语言描述功底。有了这样的说话本事，自然更容易得到别人的认可和接受。

无数事实证明，说服别人是一件有一定难度的事情。但是，说服的方法也有很多种，只要能够熟练掌握，想要达成目的也是有可能的。其中有一种方法很常用，操作起来十分简单，效果也非常不错，所以，大家都不妨学习一下。这种方法就是在说服别人的时候，在语言中加点"料"，即利用生动形象的语言去与对方沟通，这样可以更直观地让对方感受到你的气场，也更有利于说服的成功。

形象生动的语言可以把无形变成有形，把概括变成具体，把枯燥变成生动，从而大大吸引了听众的注意力。一般来说，要想使语言变得形象生动，需要做到以下几点：

1.选用有色彩，有形象的词语

色彩词和形象词可以将听觉形象转化为视觉形象，而视觉形象留给人的印象往往比听觉形象留下的印象更深刻，这样一来，就可以让说服更有把握。

2.运用各种修辞方法，

比喻、拟人、夸张等都是常用的修辞方法。这些修辞手法可以用浅显通俗的事物或道理来说明比较复杂、抽象的事物或浑身难懂的道理。当对方能够更清楚地明白你所要表达的意思的时候，说服自然会变得相对容易一些。

3. 要注意寓理于事，将深刻的道理寓于具体事实之中

跟那些干巴巴的说教比起来，用生动典型的事例阐明事理，自然更容易让人接受一些。所以，在说服别人的时候，不妨用一用这种语言方式。

形象化的语言让听众的视觉、听觉、嗅觉、味觉都一起参加接收活动，大大增强了语言的感染力。因此，学会这种语言表达方式，对我们说服别人是非常有帮助的。

放长线，才能钓到大鱼

说服别人不能突然提出要求，更不能"砂锅捣蒜，一锤子买卖"，而要循序渐进、逐步深入，有针对性地消除对方的各种疑惑，从而达成你说服的目的。

美国一位心理学教授，曾对学校附近的一位家庭主妇玛丽太太做过一个有趣的实验。

他打电话对玛丽太太说："这里是加州消费者联谊会，为了了解消费者的具体情况，我们想请教几个有关家庭用品的问题。"玛丽太太说："好的，请说吧！"于是，心理学教授提出了两个比较简单的生活问题，如家里使用哪种牙膏之类的。

过了几天，他又打来电话说："打扰了，夫人！我们现在想扩大调查，这两天会有四五个调查员到您家里当面请教，希望得到您的理解和支持。"

因为之前曾通过电话，所以虽然感到对方这样做有点失礼，但玛丽太太还是同意了。试想一下，如果没有前期电话的铺垫，那么心理学教授的要求很可能会被直接拒绝。

由此可见，说服别人时，应从小到大、由微至著、从轻到重、由浅及深。正所谓"放长线钓大鱼"，这既是说服人的小技巧，又是获得成功的大原则。

有句古话说"皇帝不急太监急"，太监急也是瞎急，抓耳挠腮解决不

了任何问题。所以，说服别人的时候，风风火火有时候并不能解决问题，必须得有一套见机行事的本领。正所谓"心急吃不了热豆腐"，你一定要静下心来，循序渐进，从长计议。

这一天，宾馆服务员小刘在收拾房间的时候，捡到了顾客遗失在店内的一部苹果手机，她想悄悄据为己有。不料这件事被领班张经理发现了，张经理让小刘把手机上交给宾馆，然后等失主来认领。

可是小刘却有些不服气："手机是我捡的，不是偷的，也不是抢的，不上交也不犯法。"

张经理说："小刘，你知道什么叫不劳而获吗？"

小刘说："不知道。"

张经理继续说："不劳而获就是不经过劳动而占有劳动果实。"

小刘撇了撇嘴说："经理，您别跟我咬文嚼字了，反正我是不会上交的。"

张经理耐心地说："那我问你一个问题，小偷偷来的东西是他自己的东西吗？"

小刘说："不是。但我不是小偷。"

张理说接着说："我没说你是小偷。还有一个问题，抢劫犯抢来的东西是自己的东西吗？"

"当然也不是。不过，我也没有抢别人东西。"

"这个也不是在说你。偷来的和抢来的都不是自己的东西，那么我再问你，捡来的是自己东西吗？"

"这个……"小刘有点语塞了。

"这个道理想必你也明白，偷来的和抢来的都不是自己的东西，捡来的当然也不是自己的东西，所以把捡来的东西据为己为自然就是不劳而获。"

"……"

张经理顺势教育说："捡到别人的东西占为己有和偷、抢得来的东西，在不劳而获这一点上是相通的。虽然从法律的层面来说，你把捡来的东西据为己为或许还构不成犯罪，但除了国家法律，我们还应该有一定的社会公德。而且宾馆也有相应工作守则，捡到顾客遗失的物品要交还，你可不能犯糊涂啊。"

经过张经理的教育，小刘终于认识到了自己的错误，把手机交了出来。

讲好大道理很重要的一点就是要学会剥茧抽丝，逐步引导，层层深入，让对方从心理上慢慢接受你所说的话。从理论上讲，这种说服的技巧符合心理学的基本定律：从实践结果来看，保要运用得恰当巧妙，就能取得理想的效果。

孟子在批评齐宣王不会治国时，曾有过这样一段对话。

孟子说："假如您有一个臣子把妻子儿女托付给朋友照顾，自己到楚国去了。等他回来时，他的妻子儿女却在挨饿、受冻，您说，这样的朋友该怎么地待他呢？"

齐宣王答："和他绝交！"

孟子又说："那么，假如掌管刑罚的长官不能管理他的部下，致命部下任意妄为，无视国法，对这位长官又该如何处置呢？"

齐宣王答："撤掉他！"

孟子接着说："假如一个国家的政治搞得不好，那又该怎么办呢？"

面对孟子的"挑衅"，齐宣王虽然心中恼怒，但却不好表面发作，只好顾左右而言他了。

试想一下，假如孟子一开始就提出第三个问题，直指齐宣王治理国家不利，那么必然会引起齐宣王的愤怒，甚至不仅会导致劝谏失败，反而还有性命之忧。孟子当然深谙其中关窍，所以便并没有直接指责齐宣王，而是由小至大，由远至近，由轻至重，一点点靠近自己的主题，最终使得齐宣王无言以对。而这时候再向他阐述自己的治理之道，成功的概念自然会大大提升了。

有些社会经验的人都知道，人们总是习惯于用局部信息来推论全局。如果认为局部信息是真实的，就常常认为全局都是真实的；如果认为局部信息是虚假的，那么常常认为全局也是虚假的。所以，明智说服者，最初都会隐藏自己的求人意图，以一种交朋友谈友情的姿态与人接近，最终使那些不谙世事的老少朋友陷入圈套。不过，这里需要提醒说服者，这种方法运用得还是越少越好，如果因此欺骗了太多的人，不免被人认为是不道德的。所以，要学会循序渐进，层层释疑，使对方放下包袱。

人的思想往往是非常复杂的，对某件事想不通、不理解，总是抱着重重疑虑不放，这就需要说服者善于透彻地说理，消除被求者的种种疑问。但想消除他人的疑虑不是一件容易的事情，需要层层递进、穷追不舍，讲清讲透道理，这就是层层释疑的方法。

要想说服人，先要习惯被拒绝

说服别人不是一件容易的事情，尤其当我们在说服的同时包含了某种比较明显的销售痕迹的时候，被拒绝的概率更会陡然上升。这是所有从事推销行业的人都必须要面对的一个问题。

事实证明，如果面对拒绝不能淡定地接受，那么，还谈什么完成推销任务呢？

世界推销大师戈德曼说："推销，从被拒绝开始。"在推销过程中，顾客常常提出各种理由拒绝推销员，他们会对推销员说"我不需要你的产品""我没钱""我们已有供应商""价格太高了"，等等。据统计，美国百科全书推销员每达成一笔生意平均要受到 179 次拒绝。正如日本一位推销专家说的那样："从事推销活动的人可以说是与拒绝打交道的人，战胜拒绝的人，才是推销成功的人。"在拒绝面前，有办法使失败化为成功的人，才是一路迈向成功坦途的人。

研究表明，对于推销员的推荐，顾客虽然有各种各样的理由作出拒绝，但根源往往是习惯性使然，也就是说，顾客往往对新事物、新方法有某种自然的抵触情绪——由于对新事物不了解或者不能把握新事物所带来的积极变化，所以宁可采用现有的、已经非常熟悉的方式来维持现状，即使现状不能让他们很满意。所以，在推销过程中，推销员要清楚顾客拒绝的真正原因是什么。

一般说来，顾客拒绝的原因大致可归结为以下四类：

1. 不需要这个产品

推销员经常碰到的拒绝就是"不需要"。也许顾客说得对，但事实上，大多数"不需要"仅仅是一个借口，或者是顾客在故意拖延时间。统计的数据表明，将近80％的顾客对他们现有的产品或服务不满意，却不想采取措施改变现状，85％的顾客实际上没有非常明确的需求。顾客对推销员做出"不需要"的拒绝，可能是推销员喋喋不休的介绍使他们感到厌烦，或者此前的某一个推销员惹恼了他们。

2. 不着急改变现状

推销员经常会遇到这样的情况：与顾客坐在一起谈得非常融洽，推销员能感受到彼此之间的相互信任，顾客非常清楚其需要，双方几乎可以达成交易了。然而，在最后的关键时刻，顾客要求给一点时间再考虑一下——然而从此之后，这件事就被束之高阁了。得过且过是每个人的天性，顾客不着急改变现状。这种情况最让推销员感到沮丧——煮熟的鸭子又飞了。

3. 经济困难

遭受"没钱"的拒绝实在恼人，推销过程最终达成的最大难点，就在这里。其实，如果需求是强烈的和必需的，以至于是一种紧迫的需求，"没钱"的借口就不攻自破。如果出现以"现在没钱"为理由拒绝推销的情况，那只能说明推销员在介绍产品或者服务的时候忘记了启发顾客的需求。

4. 为什么与你合作

如果顾客用这样的问题来拒绝你，奉劝你最好将精力转移到其他的顾客身上："不信任"意味着顾客已经决定购买新的产品或服务，但是他不想将这个订单交给你。

"不信任"拒绝的发生，是由于在许多行业中缺乏销售培训，假如推销员只是把产品或服务一股脑儿地抛给顾客，只会使顾客离你而去，与你的竞争对手签单。

有人说，所谓推销员，就是能得心应手地处理顾客的拒绝的专家，这话很有道理。知难而进是优秀推销员的特质之一，还是那句话，"推销，从被拒绝开始"。

办法总比困难多。优秀推销员自有一套应对顾客拒绝的办法，现将常用应对拒绝的办法（说法）列举如下：

如果顾客说："我没时间！"推销员可以说："我理解，我也老是时间不够用；不过只要几分钟，你就会相信，这是个对您绝对重要的话题……"

如果顾客说："我现在没空！"推销员可以说："先生，美国富豪洛克菲勒说过，每个月花一天时间在钱上好好盘算，要比整整30天都工作来得重要！我们只要花25分钟的时间！麻烦您定个日子，选个您方便的时间！我星期一和星期二都会在贵公司附近，所以可以在星期一上午或者星期二下午来拜访您！"

如果顾客说："我没兴趣。"推销员可以说："是，我完全理解，谁让我们初次见面呢？你当然不可能立刻产生兴趣，有疑虑有问题是十分合理自然的，让我为您解说一下吧——星期几合适呢？"

如果顾客说："我没兴趣参加！"推销员可以说："我非常理解，先生，要您对不晓得有什么好处的东西感兴趣，实在是强人所难。正因为如此，我才想向您具体报告或说明。星期一或者星期二来拜访您，行吗？"

如果顾客说："请你把资料寄过来给我，怎么样？"推销员可以说："先生，我们的资料都是精心设计的纲要和草案，必须配合人员的说明，而且要根据每一位顾客的具体情况再作修订，等于'量体裁衣'。所以，最好是我星期一或者星期二来拜访您。您看是上午还是下午好？"

如果顾客说："抱歉，我没有钱！"推销员可以说："我了解，要什么有什么的人毕竟不多。正因如此，我们现在开始选一种方法，用最少的

资金创造最大的利润，这不是对未来的最好保障吗？在这方面，我愿意贡献一己之力。您看，我可不可以下星期三或者周末来拜访您呢？"

如果顾客说："目前我们还无法确定业务发展前景。"推销员可以说："先生，我们的责任就是要保障这项业务日后的发展。您先考虑一下，看我们的供货方案的优点在哪里。星期一、星期二我哪天来与您面谈比较好？"

如果顾客说："要作决定的话，我得先跟合伙人谈谈！"推销员可以说："我完全理解，先生，我们什么时候可以跟您的合伙人一起谈？"

如果顾客说："我们会再跟你联络！"推销员可以说："先生，也许您目前没有太大的意愿，不过，我还是很乐意让您了解——参与这项业务对您会大有裨益！"

如果顾客说："说来说去，还是要推销东西！"推销员可以说："我当然是很想销售东西给您了，不过，我所带给您的，一定要是您值得期望的。有关这一点，我们要不要一起看看？星期一或者星期五我来看您，好吗？"

如果顾客说："我要先好好想想。"推销员可以说："先生，相关的重点我们不是已经讨论过了吗？容我冒昧地问一句：你所顾虑的是什么？"

如果顾客说："我再考虑考虑，下星期给你电话！"推销员可以说："欢迎您来电话，先生，您看这样会不会更简单些：我星期三下午晚一点的时候给您打电话，或者星期四上午给您打电话。"

如果顾客说："我要先跟我太太商量一下！"推销员可以说："好，先生，我理解。可不可以约夫人一起来谈谈？约在这个周末，或者您喜欢的哪一天？"

类似的办法还有很多，但是，总的原则都一样，那就是动摇顾客拒绝的意愿，把拒绝转化为肯定，然后一步一步诱使顾客接受自己的建议。

"角色互换"说服法

对待同样一个人，同样一件事，每个人的观点和想法都各不相同，这其中的一个原因就是，人与人之间的立场存在着一定程度的差异。我们在与人交往的过程中，常常会听到这样一句话："换个立场想想，你就会改变看法。"或者，"站在我的立场上，你就会同意我的观点了。"可见，如果想要意见或想法获得一致，立场是否相同很重要。

在说服别人的过程中，相信很多人都曾遇到过这种情况，无论我们把自己的观点、想法说得多么清楚明白，但对方却依然"认死理"，认为自己的观点和想法是正确的。那么，该怎样去把对方认为的一加一等于三的想法改正过来呢？这就需要我们学会站在对方的立场去思考。也就是说，要想说服别人，必须先透彻了解人家的意见。正所谓，"知己知彼，百战不殆"。那具体来说，要怎样才能做到这一点呢？

首先，要设自处地为对方着想。比如说，如果你想说服某个人同意你的观点，那么在开口之前，最好先问问自己："我怎么样才能使他愿意去做这件事呢？"在这方面，人际关系大师卡耐基堪称高手，他讲过这样一个故事：

卡耐基开始讲授社交训练课程之后，每季都有几天会租用纽约某家大旅馆的大礼堂。顺利合作一段时间之后，到了一个新季度，卡耐基的课程又即将开始了。可是这时候，他却突然接到旅馆发来的通知，要求他支付之前租金的 3 倍。要知道，这时候，所有的课程都已经预定好，入场券也都已经印好发出去了，也就是说，取消课程已经是不可能的了。

很自然地，卡耐基需要去跟旅馆交涉。怎样才能说服旅馆的经理呢？这对卡耐基来说是个挑战，当然，他并不惧怕这种挑战，他很有信心。于是，在思考了两天对策之后，卡耐基来到旅馆，走进了经理办公室。

相互问好之后，卡耐基直奔主题："接到您的通知，我有点震惊。"

经理说："没办法，按照现在的行情，我们涨价也是有根据的。"

卡耐基点头说："这一点我知道，这不怪您。假如我处在您的位置，或许也会作出同样的选择。因为您是这家旅馆的经理，您的责任是让旅馆尽可能地多盈利。要是不这么做的话，您的经理职位也许会保不住。不过，我现在想跟您一起合计一下，如果增加我的租金，对你到底是有利还是不利。"

经理说："我洗耳恭听。"

卡耐基接着说："我们先来讲一讲有利的一面。如果旅馆把礼堂租给举办舞会或晚会的人，他们一定能付出很高的租金，而且他大多只会租用一个晚上，所以旅馆可以获得很高的利益。如果租给我，确实让旅馆有些吃亏。"

听了卡耐基的话，经理不住地点头。

卡耐基接着说："下面我们再来说一说对旅馆不利的一面。首先，如果您增加我的租金，就等于降低了旅馆的收入。您不要摇头，请接着听我说。我之所以这样说，是因为如果您这样做，不仅仅等于把我撵跑，还等于一起撵跑了更多的客户。我开设的这个训练班，每一期都会吸引成千上万的人来听课，这些人大多是有文化、有地位的中上层管理人员。想想看，这对于旅馆来说不是等于不花钱而做了一次活广告吗？事实上，即使你花5000 美元在报纸上登广告，也不可能邀请到这么多人亲自到旅馆来参观，可我的训练班却帮你邀请来了，而且没让您花一分钱。您想想看，难道对旅馆来说这不是很有利的一件事吗？"

说完这番话，卡耐基准备告辞，走之前他说："请仔细考虑后再答复我。"

当然，最后旅馆经理让步了。

试想一下，如果卡耐基没有选择这种方法，而是去找经理大声理论，那么他一定不可能获得这样的结果，一场争执不仅在所难免，还有可能从此失去与旅馆合作的机会。

每个人都是喜欢以自我为中心的。所以说，如果我们能暂时放弃自我，站在对方的立场上去分析问题，那么一定会取得不错的说服效果。这不仅能使你在人际关系上左右逢源，而且也更有利于说服的达成。

借用典故和数据增加说服力度

在说服别人的时候，我们都希望别人在听了我们的一番劝解之后，能够立刻点头称是，并称赞我们"一语惊醒梦中人"。然而事实却常常会令我们失望，因为别人的想法和观点都不是在一天形成的，正所谓"冰冻三尺，非一日之寒"。因此，改变他人的想法也非一日之功。对于这一点，在说服别人的时候，我们一定要做好心理准备。既然对方的想法是很难改变的，那么我们要想彻底说服对方，就要通过事实把道理讲得更透彻一些。

1. 借用典故讲道理

在说服的过程中巧妙地引用典故，可以达到引人入胜、妙趣横生的效果。

1981年8月4日的《光明日报》上刊登过这样一件事：

一天，一位20出头、蓄着胡须的小伙子走进了江阴县法律顾问处。

当班的金律师打量了他一下，然后问道："你需要什么帮助？"

小伙子坐下来，语气有些激动地说："请问，我留这个胡须违法吗？"细问之下，金律师终于弄明白了小伙子生气的原因。原来，他是当地某工厂的一名工人，前段时间报考了电视大学想要深造，可是准考证却被车间扣留了，原因是他蓄了胡须，如果想要回准考证，必须把胡须剃掉。可是小伙子却不同意剃胡须，车间领导也不让步，双方就这样僵持着。

小伙子没有办法，便想通过法律来保护自己的权益。

弄清楚了事情的来龙去脉之后，金律师对小伙子说："首先，我要告诉你，你蓄胡须的做法并没有违法。但是，你却违反了人情，违反了国情。"

"违反人情？什么意思？"小伙子有点不明白。

"我国六七十岁的人也不一定留胡须，四五十岁的人还经常刮胡须，你年纪轻轻却留胡须，既不卫生，又不美观，这就叫'违反人情'。"金律师解释说。

"那为什么又说我违反国情呢？"小伙子撑着问。

金律师答道："你是江阴人，应该知道一段著名的历史故事。明末清初，清统治者下了一道命令，一律剃须留辫，违者格杀勿论。江阴人民发出'宁愿留发不留头'的口号，于是一场壮烈的抗清斗争开始了，结果全城血流成河。历史上有80日戴发效忠、6万民众同心杀贼的记载。你知道京剧大师梅兰芳吗？在日寇占领上海期间他蓄须拒不登台，这些行动都是带有政治性的。请问，你留胡须也带有政治性吗？"

小伙子连忙说："没有，没有。"

最后，在金律师的一番引经据典的劝说下，小伙子终于想通了，答应剃掉胡须。

当然，引用典故是为了说明问题，不是为了点缀，更不是为了故弄玄虚，卖弄学问，所以并不是用典越多越说明知识有多丰富，如果用典繁多而不说明问题，反而会让对方觉得不知所云。

2. 用数据增加说服的力度

在说服别人的过程中，统计数字和调查研究也可以发挥很大的作用。比如，"事故多发地段请注意安全"与"这里一个月有3个人死于车祸"相比，

显然后者的警示作用会更大一些。

元朝至正年间，海宁一带水路不通，陆路运送军粮只能靠人力肩挑车载。可是，当地百姓屡遭战乱，不宜再行征用。于是将军董搏霄便向朝廷建议，改用士兵搬运军粮。但是这一提议却遭到了朝廷中一些大臣的反对，他们认为，国家历经战乱，兵力不足，军士疲惫，如果再让士兵运送军粮，远途劳顿之下，势必会削弱战斗力。

针对这些大臣的反对意见，董搏霄给他们算了一笔账："军人搬运粮食，可用百里一日运粮之法。其方法是：每人距离10步，36人就是1里，360人就是10里，3600人就是100里。每人每次背米4斗，米用夹布口袋装好，封上印记，由一人传递给另一人，人不停走，米不着地。每人每天走500个来回，单人行程往返为28里，负重14里，空手轻行14里，每天可以运米200石。如果每人每天供应一升米的话，那么这3600人运一天的粮食可供100里之外两万人吃一天。况且，单人行程每天仅28城，每次负重4斗仅行10步，往返劳中有逸，长队传递，类似游戏，决无疲师之虞。"

朝廷采纳了这一建议，果然简便易行，效率很高。

面对朝臣们的反对，董搏霄将这种合理使用人力、提高劳动效率的运送方法换算成具体数字。而这一连串的数字，通过运筹巧排，化成生动的形象——排成百里长队的士兵，如游戏般地传递军粮的动人场面。其计算之精确，运筹之巧妙，自然成功说服了朝臣们。

无独有偶，历史上还有一个与运用数字说服的故事很出名。

战国时，魏王打算在天地之间修筑一座中天台，以彰显国力。所谓中天台，就是高度是天地距离一半的高台。

许绾听说了这件事，便背着畚箕，手持铁锹进宫来见魏王。许绾对魏王说："听说大王打算修建中天台，我虽然没有力气，但却能为修筑中天台出主意。"

魏王高兴地说："你有什么建议？快说出来听听。"

许绾说："我听说天与地相距15000里，按天地距离的一半尺度来计算，那么大王就该建起一座7500里的高台，是吧？"

魏王点头。

许绾接着说："既然高度已经确定了，那我们再来计算一下台基。如果高度是7500里的话，它的台基最少要方圆8000里。可是，古时尧舜分封诸侯，每位诸侯只得到方圆5000里的土地，所以这样算起来，即使把大王全国的土地全用上，也不够做中天台的台基。所以，如果大王一定要修建中天台，必须要先用兵讨伐诸侯，占有他们的全部土地，如果还不够，就还得讨伐四周边鄙之地，这样才能够获得足够做中天台台基的土地。"

听到这里时，魏王的脸色已经发白了，想要说什么，但似乎又什么也说不出来。

许绾接着说："另外，修建如此巨大的工程，自然需要万千上万的民工。这样算来，必然会大量消仓库的粮食，恐怕得数以万忆来计算。国家的粮食肯定是不够的，那么接下来还要在方圆8000里以外的土地上种植庄稼，这样才能保证成千上万的民工有粮食吃。这些条件全部齐备之后，才能动工。"

听了许绾的一番话，魏王终于明白了自己想要修建中天台的想法是多么不实际的一件事，于是他立即放弃了这一打算。

许绾劝谏魏王，先假意出主意，然后设计天台的高度，占地面积，以及筑台的条件。通过数字形象地说明修筑中天台是极其荒诞的事情，魏王自然也就无话可说了。

利用数字来说服就是能够达到这样有效果。不过，如果数字成堆也会使人感到厌烦。所以引用数据时，首要原则是要将换算的数字形象化，使那些难于感知和认识的数字更加生动；其次是要注意数字的准确性和可信性，切不可因误差过大而让对方难以接受；再次，形象化的事物是人们所熟悉和了解的，应该使之在对方的头脑中立即形成深刻鲜明的形象，以达到最终的目的。

适当地妥协是说服的有效手段

以退为进的说服策略，貌似与本意相悖，实际是用退一步的方法，取得优势，从而达到说服别人接受自己意见的目的。从某种程度上来说，以退为进，比只进不退好。因为通过退可以积蓄更大的进的优势，比平平而进取得的效果会更大。

生活史，相信大家都曾有过这样的体验，那就是当我们用力来撞某件东西时，如果你直接冲过去，不一定会撞开它，但如果你退几步再去撞，你会感觉比之前的力量要大得多。这就是以退为进的道理，我们在说服的时候也可以运用完种方法。

《史记·滑稽列传》中记载着一则以退为进的说服案例。

楚庄王十分钟爱的一匹马因过于养尊处优最终肥胖而死。庄王命令全体大臣为死马致哀，并要用一棺一椁为其装殓，产品按大夫的礼节为其举行葬礼。百官纷纷劝阻，庄王大动肝火，下令谁再劝阻，定判死罪。

这时候，有个叫优孟的人，进宫之后便开始号啕大哭。庄王纳闷，便问他哭什么，优孟说："这匹马是大王最心爱的马，以楚国之大，什么东西弄不到！现在却只以大夫的葬礼来为其办丧事，实在太轻慢了！我请求大王用君王的礼仪来埋葬它。"

楚庄王一听优孟不是来唱反调而是来支持自己的，所以很高兴，于是便问："依你之见，应该怎么埋葬呢？"

优孟说："最好以雕琢的白玉做棺材，以精美的梓木做外椁。另外，还要建造一座祠庙，放上牌位，追封它为万户侯。这样一来，天下的人才能知道，大王是轻贱人而贵重马的了。"

楚庄王一听，如梦方醒，说："我的过错竟到了这种地步！"

优孟的说服就用到了以退为进，即先赞同楚庄王葬马的想法，而且还帮助他大肆渲染，这样自然就消除了楚庄王对他的排斥心理。接下来，他又进行了侧同的说服，这时候终于让楚庄王意识到自己的错误，说服自然也就顺利成功了。

第二次世界大战期间，有几名日本战俘和几名德国战俘一同被关在前苏联西伯利亚的某个集中营。最初时，集中营被关押的日本军官每天都可获得十五克的砂糖，但是后来不知什么原因，这种供应突然停止了。几天之后，日本军官们再也沉不住气，便决定要对这种待遇进行抗议。

于是，有一天当这群义愤填膺的日本军官看到前苏联的财务官来了之后，便开始大声责问："喂！你们为什么不再分配给我们砂糖了？"他们态度强硬，语气咄咄逼人。

"很简单，因为仓库里已经没有砂糖可分配给你们了。"财务官爱理不理地说。

"哼！按照国际俘虏法的规定，我们每天有权得到定量的砂糖，你们这么做是违法的，这是虐待俘虏的行为！"

"哦……国际俘虏法？我也听说过，但砂糖并不是国际俘虏法买来的啊，上级没配给下来，我们怎么分配给你们呢？"

财务官说完，忽然注意到房里挂的一幅画，便问："这是什么"

"这是我们神圣日本的象征。"

"象征？"

财务官摇摇头说："你们日本很神圣？"

这个反问可把这群日本军官激怒了，他们大声叫着："天地、正义……"

财务官扬长而去。不久，他来到德国军官的集中营，一抬头就见到房间正面悬挂着斯大林的画像。于是他微笑着说道："嗯！好！好！"

一个德国战俘毕恭毕敬地给财务官泡了杯茶，并画龙点睛地说了一句："不成敬意，不成敬意，如果茶里再放些砂糖就好喝了。"

财务官喝了几口茶便走了。

第二天，德国战俘营里开始有砂糖配给了，而日本战俘仍然没有配给。德国俘房的这种做法，很符合中国古话中"大丈夫能屈能伸""人在屋檐下，不得不低头"的说法。

日本人一味用强，这种不聪明的方式，只会使对方恼怒，当然得不到好处；而德国俘虏却懂得这层道理，他们用了看似软弱、讨好的语气，其实那都是表面，并非本心，真正的用意在于得到砂糖。他们用了"以退为进"的办法，看似软弱，实则刚强，最后，得到了他们想得到的东西。

由此可见，以退为进的交谈方式，是一种有效的说服策略。它表面是退缩，实质是进攻，退是为了更好地进。就像拉弓箭一样，先把弓弦后拉，目的是为了把箭射出去。

说话时，妥协退让不是目的，而是手段，以"退"的手段积蓄力量突破对手的弱点，最终实现"进"的目的。

Part11
八面玲珑，聊出职场一片天

　　现代社会，职场中的竞争十分激烈，要想在其中打出自己的一片天地，除了良好的工作态度和过硬的工作能力以外，良好的口才也是必不可少的。如果能够恰到好处地说出场面话，那么无论是初入职场面对考官，还是工作中面对同事、上司或者是谈判中面对商业伙伴，你就都能如鱼得水地应对，从而始终在职业生涯中处于有利地位。

巧妙回答，"摆平"面试官

第一次与面试官的"亲密接触"，求职者的表现将决定自己的命运，优雅的谈吐、恰当的表达，都能够增加面试成功的机会。

所以说，面试中的口语表达非常重要，它要求求职者能在最短的时间内，以最快的速度回答主考官的每一个问题，只有回答得既精彩又切题，才能赢得对方的青睐。下面为大家整理了一些面试求职时经常会遇到的问题和巧妙的回答方法，希望可以为求职的你提供一些帮助。

1. 你叫什么名字

这个问题是测试你在短时间内让人记住你的能力，机械地报一遍姓名是不行的，最好能解释父母给你起名时所怀的期待，以及你对一个通俗化的姓名所怀的复杂感情。大多数时候，面试官对有个性的求职者印象会更深，所以在你的名字上多下些功夫吧，多找到一些可以彰显个性的因素和表达方式。

2. 请你自我介绍一下

这是必定会涉及的题目，因为一个人如果连自己都无法清楚陈述的话，又如何能担当大任？又如何能为公司作出具体的贡献？自我介绍是求职者推销自己的最好机会，所以一定要实实在在地表出达自己的优点、才干与能力，时间以两分钟左右为最佳。

另外，在回答这个问题时，需要注意的是，切忌像记流水账一样介绍你的成长经历，比如某年某月出生在某地，在某小学读书，在某中学读书，然后再如何如何。考官并不想专门了解你的生活经历，他们想从你的回答中得到的信息是，关于你的哪些情况是最有意义的。你就要利用这样的机会把你的经历和成绩用简练的语言概括出来并表述清楚，在这个程中要展现出你的优点。

3. 你为何辞去上一份工作

这个问题最容易暴露自己负面的人格特质，包括世故、顽固、自私、自卑、骄傲、自负、见异思迁、三心二意等，因此必须小心作答。总之，不要一味地批评上个工作环境多么坏、老板多么抠什么的，而是要清楚地举出几个自己离职的动机，而且必须属于正面性的说法。然后，旋即将话题转到自己现在所要应征的工作上，以"兴趣"和"能力"来成就自己之所以转换工作跑道的论述。

4. 上学期间有无打工经历

主考官问这类问题的着眼点，大多注重求职者打工的性质与目的，以及如何处理工作的收入。工作性质方面，求职者最理想的答案应该是"家教、家庭事业、在正当而绩优的大企业或者是熟人的公司里帮忙"，比较不利的答案是"酒店、路边摊、直销事业"。收入使用方面，求职者最理想的答案应该是"用来添购书籍文具、缴学费、作为、技能或语言方面的学习费用"，比较不利的答案是"充当吃喝玩乐的零用钱。"

5. 你最大的缺点是什么

这个问题也是经常出现的，因此你要做好准备。面试中的一个铁律就是不要刻意地攻击任何人，包括对你自己，但是没有十全十美的人，是人总要有缺点，所以这个问题是无法回避的。提出这个问题的目的不是想看你有什么具体的缺点，而是看你在这样的棘手问题前如何处理。如果你不小心，就会为了体现自己的诚实而说出一些引火烧身的话来。回答的技巧在于不挑剔自己的缺点而要突出自己的优点，既要让考官能感觉到你的缺

点，又不给他一副放大镜，这样做并不是虚伪。不鼓励撒谎，但也不要让
事实把你的机会给毁灭了，恰当的回答例如：

"我常常为不能做一些有意义的工作而着急"；

"我总是渴望挑战，所以在得不到挑战机会的时候，我就会坐立不安"；

"我想我的缺点是做事情太谨慎了"……

说实话，这些缺点同时也是优点，关键从哪个角度取舍，这样的回答
是聪明的。

6. 你觉得个人工作生涯发展至今，还算顺利吗

这个题目，无疑想测试应试者的意志力。求职者不妨直言："我觉得
生命历程中的点点滴滴，都是一种磨炼，都是一种学习；我清楚知道自己
在各个人生阶段该扮演什么样的角色，因此，截至目前为止，倒还没有什
么特别不愉快的经历。"

7. 谈谈你过去工作上的成功经验或失败教训

谈成功经验的部分，应据实报告实际效果，并借此显示自己的能力、
判断力、决策力或奋发向上的工作态度。谈失败教训，则与其轻轻地带过，
不如陈述自己挫败的原因、如何从困境中爬起来，以及这中间所获得的宝
贵教训。

小张和小李在面试时，遇到了一个同样的问题：你在事业上受过挫折
吗？有过失败的经历吗？小张毫不犹豫地回答：没有。意在表明他很优秀，
很有能力。结果他被淘汰了。而小李则回答：有过。同时他详细地描述了
这次挫折有多困难，目的是在为自己辩解，即不是他不努力，而是因为困
难很大，实在无力克服，所以自己最终才会失败的。结果，他也被淘汰了。

小张的回答其实对自己是不负责的，因为没有人会没有一点弱点，不

经历一点挫折，即使有这样的人那么也只能说明这个人没有经过风雨的考验，而用人单位一般是不会录用这样一直很顺利的人的，因为他们的抗挫折能力一般会很差。而小李的回答，在重点问题上有所偏差，他不应该过分强调所受挫折的客观原因，而应把重点放在经过这次挫折后，是否获得了宝贵的经验，最好的回答是利用这些经验在挫折后取得了成功，如果过分强调客观原因会让面试者认为，该管理者缺乏足够的勇气面对困难。

只有充分地认识到自己的弱点，也只有正确地认识自己所受的挫折，才能造就真正成熟的人格。不仅在面试回答问题中，在工作中也是如此，不怕失败，怕的是失败后一无所获，有过失败经历的管理者比一帆风顺的管理者更稳重坚强，具有更高的价值。

面试时，注意这些说话细节

虽然没有人能保证一点儿错误不犯，但是会说话的人却总是能不断地修正错误走向成熟。谨慎的言行在任何场合都适用，特别是在求职面试时，只有谨慎说话，才不会因为疏忽而造成失误。

在面试的过程中，招聘方一般会根据自己的需要提出各种各样的问题，使求职者防不胜防，即使是很聪明的求职者也难免会在一些问题上出现语言上的失误。所以，为了能够给面试官留下一个好印象，从而顺利得到想要的工作，你就一定要避免这种失误的发生。下面是我们总结的一些面试过程中最容易犯的错误，希望大家能够引以为戒。

1. 不善于打破沉默

面试开始时，应聘者不善打破沉默，而等待面试官提出问题。面试中，应聘者出于种种顾虑，不愿主动说话，结果使面试出现冷场的情况。即便能勉强打破沉默，应聘者的语音语调也非常生硬，使场面更显尴尬。实际上，无论是面试前还是面试中，应聘者可以主动致意进行交谈，这样可以给面试官留下热情和善于交谈的良好印象。或许，他正在对你进行性格测试。

2. 与面试官"套近乎"

具备一定专业素养的面试官是忌讳与应聘者套近乎的，因为面试中双方关系过于随便或过于紧张都会影响面试官的评判。过分"套近乎"也会在客观上妨碍应聘者在短短的面试时间内做好专业经验与技能的陈述。会说的应聘者可以举出 1 ~ 2 件有根有据的事情对招聘单位进行赞扬，从而表现出你对这家公司的兴趣。

3. 缺乏积极态势

面试官常常会提出或触及一些让应聘者感到难为情的事。很多人对此面红耳赤，或躲躲闪闪，或撒谎敷衍，而不能进行如实地回答和正面解释。如面试官会问："您为什么在 5 年里换了 3 次工作？"有人可能会大谈工作如何困难、上级不支持等，而不是告诉面试官："虽然工作很艰难，自己却因此学到了很多，也成熟了很多。"

4. 丧失专业风采

有些应聘者面试时各方面表现得非常好，但如果被问及原所在公司的情况时，就会愤怒地抨击其老板或者公司，甚至大肆谩骂。在众多国际化的大企业中，或是在具备专业素养的面试官面前，这种行为是禁忌。

5. 为偏见或成见所左右

有时候，参加面试前自己所了解的关于面试官或招聘单位的负面评价会影响自己在面试中的思维，误认为貌似冷淡的面试官或是严厉或是对应聘者不满意，因此在面试中表现得非常紧张。还有些时候，面试官是一位看上去比自己年轻更多的女士，心里暗想："她怎么能有资格面试我呢？"其实，在招聘面试这种特殊的"采购"关系中，应聘者作为供方，需要积极面对不同风格的面试官，即客户。

6. 慷慨陈词，却举不出例子

应聘者大谈个人成就、特长、技能时，聪明的面试官一旦反问："能举一两个例子吗？"应聘者便无言应对。而面试官恰恰认为：事实胜于雄辩。在面试中，应聘者要想以其所谓的沟通能力、解决问题的能力、团队合作能力、领导能力等取信于面试官，惟有举例，所以在面试前要做好充分的准备。

7. 不善提问

有些人在不该提问时提问，如面试中打断面试官谈话而提问。也有些人面试前对提问没有充分准备，等到有提问机会时想不起问什么。而事实上，一个好的提问，胜过简历中的无数笔墨，会令面试官刮目相看。

8. 被"请君入瓮"

面试官有时会考核应聘者的商业判断能力和商业道德方面的素养。比如：面试官在介绍公司诚实守信的企业文化之后问："你作为财务经理，如果我（总经理）要求你在1年之内逃税1000万元，你会怎么做呢？"如果你当时抓耳挠腮地思考逃税计谋，或文思泉涌，立即列举出一大堆方案，那你就真的中了他们的圈套。实际上，在几乎所有的国际化大企业中，遵纪守法是员工行为的最基本要求。

9. 主动打探薪酬福利

有些应聘者会在面试即将结束时，主动向面试官打听该职位的薪酬、福利等情况，结果是欲速则不达。具备人力资源专业素养的面试者是忌讳这种行为的。其实，如果招聘单位对某位应聘者感兴趣的话，自然会提及其薪酬情况。

10. 对个人的职业发展缺乏规划

对个人职业发展规划，很多人只有目标，没有思路。比如当问及"你未来5年的事业发展计划是什么"时，很多人可能会回答："我希望5年之内做到全国销售总监一职。"如果面试官接着问："为什么？"应聘者常常会感觉有些莫名其妙。其实，任何一个具体的职业发展目标都离不开你对个人目前技能的评估以及你为胜任职业目标所需拟定的粗线条的技能发展规划。

11. 不知应该如何收场

很多应聘者在面试结束时，因成功的兴奋，或因失败的恐惧，会变得语无伦次，手足无措。其实，面试结束时，作为应聘者，你不妨表达一下对应聘职位的理解；充满热情地告诉面试者你对此职位感兴趣，并询问下一步是什么；面带微笑和面试官握手并感谢他的接待。

　　作为一名求职者，若想在求职的过程中更顺利，一定要尽量避免以上错误，这样求职之路才会畅通无阻。

积极热情，成为办公室的"开心果"

在工作中要培养与同事之间的工作默契，建立良好的同事关系，就不要小看寒暄、打招呼。早晨上班的时候，一定不要忘记你的微笑和一句充满阳光味道的"早上好"。小小的一句问候，会让人心情舒畅。下班的时候，说句"再见"代表了你友好善意的祝福。如果你和同事之间发生了什么不愉快的事情，简单的一句寒暄或许可以让你们之间的恩怨化为乌有。

在同事之间制造和谐融洽的气氛，寒暄、打招呼是最好的方式之一。寒暄、打招呼看起来似乎是微不足道的，简单的问候，几个字而已，随口就可以说出来，但是，实际上它体现了同事之间是否互相尊重、礼貌、友好。

俗语说：礼多人不怪。在同一个公司里工作，大家低头不见抬头见，互相问候是非常好的熟悉方式。即使对一个你并不熟悉，但是知道是这个公司的同事，热情主动地打个招呼，不但对方会有被尊重的感觉，你也会觉得心情美好。你亲切地对待同事，彼此之间就多了一份亲密感，这对办公室人际环境的构建是大有好处的。

如果你整天一副冷漠的表情面对同事，即使你对对方没有成见，也容易使对方误认为你瞧不起他。特别是在同事需要你帮助的时候，你如果板着一张冰冷的面孔，显出一副事不关己的样子，一定会伤害对方的自尊心。反之，你热情以待，对方自然会产生一种受尊重的感觉，马上会对你产生好感，即使你对同事的请求无能为力，也让对方感觉到你在情感上支持对方。

杜海离职的时候，公司同事专门为他开了一个小型的欢送会，老板给他一句赠言："相信每个和你接触过的人都有同样的感觉，一个热情的人好似一轮太阳，把光芒照耀在周围每一个人身上。"同事们也纷纷送上临别的小礼物，在他们眼里，杜海总是笑呵呵的，乐于助人而又不求回报，杜海的离去让他们很不舍。

大家居然这么喜欢他，是杜海自己都没想到的。他形容自己只是个不拘小节、心宽体胖、喜欢傻笑的人。他说："当时我真是很吃惊，大家都说会想念我，我当时十分感动。"

有个成语叫做"礼尚往来"，要在同事之间建立良好的人际关系，就要真诚付出，经常保持联系。不要等到有麻烦时才想到与人联系，经常打个电话问候一下，又费什么事呢？

平日里，选择那些对你事业发展有帮助的同事，隔三差五地打个电话，沟通沟通思想，增进一下友谊。

大家都喜欢真诚实在、为人大方的人，因此，从职场的角度看，对同事真诚以对，可以让你结交更多能给予帮助的同事。

人际学研究发现，职场中，很多所谓的朋友是在"互相利用"的情况下结交的。同事之间通过互相利用可以达到彼此的目的。

日本人有句口头语：请多多关照。日本人有一个很好的习惯，来到一个新公司的时候，首先要做的事情就是向同事作自我介绍，然后说请大家多多关照。简单的几句话，既充分表明了自己的友好态度，又表达了自己希望得到信任和帮助的愿望。

职场中，有的人并不重视同事之间的关系，认为同事之间的关系无所谓，在处理同事关系的时候，采取马马虎虎的态度。

和同事交往是为了工作。虽然有矛盾存在，只要不影响工作上的合作就可以。工作涉及的是同事双方的共同利益，你们合作得怎么样，工作做得是否成功，和你们双方都有关系。如果你的同事是一个聪明的人，他自然会考虑这些。为了他自己的工作利益，他会努力地和你配合。如果对方不能从大局出发，过于在乎你们之间的矛盾，甚至因此不愿意跟你在工作上配合，那就太不应该了。

人与人之间的感情是靠联络才能不断增进的，因此同事之间排除了矛盾，一定要记得经常保持联系，节日的时候及时地表达你的问候祝福，天气变化的时候及时表达你的关心。

这样保持联络，才能有和谐的工作气氛，同事感情上才能更加融洽。

职场不是你家客厅，牢骚抱怨不可说

牢骚是每个人前进路上最大的绊脚石。身在职场的你一定要懂这个道理。如果管不住自己的嘴总是发牢骚，那么不但你会被人厌烦，而且因为你的言辞也会给别人带来极坏的影响。

牢骚也是员工中最常见的话题。下班后，三五个同事相伴回家，谈论最多的恐怕就是职场里的是是非非。经常有人这样发牢骚："这个破公司简直没法干了，我要辞职！"其实，这样说的人并不会真去辞职，明天依然照常上班，但他还会不断重复曾说过的这种话。其实，他想要表达的并不是"辞职"本身，而是在传达一种对工作厌倦、对公司不满的态度。我们不妨把这种人称为"职场病毒携带者"。只是，很多人并没有发现这种人给其他员工带来的潜在危害。

还有一种人，如果在工作中有些问题偶然被领导发现，这个问题很可能并不是由他直接造成的，有可能是因为他的搭档的疏忽，但他并没有及时发现。可是，被领导批评的人偏偏是他。这时候，他觉得自己没错，感觉很委屈，非要向领导讨个说法不可。于是，在他和领导之间的辩论便 不可避免地发生了。但是，公司的领导是强势的一方，如果在争论中不能说服领导，往往就会产生牢骚满腹的情况，他就变成了"病毒携带者"。所以，职场的资深人士常常这样感叹道："在公司混，一定要管住自己的嘴。"

张强是一家合资公司的市场部经理，他说自己以前也是一个爱发牢骚

的人，因为所在公司是一家合资公司，所以合资的方式对他在市场销售的经营理念方面造成了很大冲击。对公司的种种变革，张强说自己像"温水煮青蛙"那个故事里的青蛙一样，在公司变革之初自己并没有感觉到任何变化，但随着公司内部变革的不断深入，自己受到了很大的冲击。

张强以前只是大专学历，除了之前的工作经验外，多年来他没有在专业知识上进行充电，面临着被时代与公司淘汰的危险。虽然张强是老员工，但是除了努力提升自己之外，他别无选择。

张强说自己当时也是牢骚满腹，但是发过牢骚后，形势并没有任何改观。无论是同事还是上司，都对他的状态都表示不满。之后，他不断反思，公司进行的变革是适应必然的行业发展潮流，自己如果想在公司所提供的事业平台上有所作为，就要与时俱进，不断调整和更新自己的知识结构，提升自己的心理承受能力。只有这样，才能在下一步发展和竞争中抢占先机，所以牢骚满腹实在是要不得的。

一番反思后，张强下定决心，工作还是要做的。他从改变心态入手，嘴巴闭紧了，行动更快了，从一个满腹牢骚的抱怨鬼变成了一个脚踏实地的行动家。

面对张强的变化，公司的领导和同事都看在了眼里。没过多久，有一位副总提出了提拔张强的建议，他的建议也得到了其他高管的一致认同。后来，张强总结经验时说，牢骚是前进路上最大的绊脚石，如果你不能搬开这块石头，就一定会被绊倒，摔得鼻青脸肿。

所以，要想在职场的发展顺畅多一些，阻碍少一些，就必须跨过牢骚这块绊脚石，千万不能整天牢骚满腹、喋喋不休。身在职场，如果看到那些爱发牢骚的人，一定要劝他们不要这样，因为用牢骚来解决问题的人实在是愚蠢至极的。

上司有错，委婉指出留颜面

身为下属，每时每刻都应为上司留颜面。当上司出现错误时，指出其错误要讲究技巧：直接指责上司，或断言其决定是错的，会令上司不满，还有可能引火烧身；就利弊得失对上司加以提醒，用"指错误，留颜面"的方法暗示其言行有错，才是明智的做法。

清朝光绪年间，皇宫总管太监李莲英之所以成为慈禧面前的红人，主要是因为他人机灵、会说话，善于取悦主子，有时甚至能为慈禧解脱困境。

一次，慈禧看完杨小楼表演的京戏，该行赏了。慈禧把杨小楼召到眼前，指着满桌子的糕点对他说："这些东西赐给你，你带回去吧！"

杨小楼叩头谢恩，但他不想要糕点，仗着胆子说："谢老佛爷赏赐，这些尊贵之物，奴才不敢领，请……另行恩赐……"

"你想要什么？"刚过足戏瘾，慈禧心情高兴，对于杨小楼的"挑剔"并未发怒。

杨小楼叩头说："老佛爷洪福齐天，不知可否赐'字'给奴才。"

慈禧听了很高兴——有机会显示自己的墨宝了，于是她让李莲英捧来文房四宝，泼墨挥毫，写了一个"福"字。

旁边的李莲英看出慈禧的字有误，轻声地提醒她："老佛爷，奴才多嘴。福字是'示'字旁，不是'衣'字旁！"杨小楼一看，"福"字果然被写成了"衣"字旁——若拿回去必遭人议论，恐有欺君之罪；不拿回去也不好，慈禧一怒就会要自己的命。要也不是，不要也不是，一时间杨小楼急得直冒冷汗。气氛一下子紧张起来，慈禧也觉得挺不好意思，她既不想让杨小楼拿走错字，又不好意思把字要回来。

李莲英反应很快，急忙出面解围，他笑呵呵地对慈禧说："老佛爷之福，比世上任何人都要多出一'点'呀！"杨小楼一听，也明白过来，叩首道："老佛爷福多，这万人之上之福，奴才怎么敢领呢！"慈禧正为下不了台而受窘，听李莲英这么一说，急忙顺水推舟，笑着对杨小楼说："好吧，改天再赐你吧！"

李莲英的得宠，不全是他对慈禧巧言令色、吮痈舐痔，就拿他能够为慈禧出错巧妙暗示、遮掩和解围来说，不要比纯粹的蝇营狗苟之辈略胜一筹了。

既指出上司的错误，又保住其脸面，这是指错的最佳效果。

总而言之，当发现上司出错或言行不当时，下属应当以适当的方式提醒告知，这才是负责的下属，这才是对上司威信的维护。但是，怎样的方式才算是适当的呢？"话说三分，点到为止"，这就是为上司指错的说话方式。一般而言，聪明的上司听得懂暗示，并且会感谢你的诚恳与体谅。具体而言，现实中下属要指出上司的过错，话不妨这样说：

1. 多"引水"，少"开渠

多"引水"，少"开渠"，意思是不要直接指出上司的错误所在，更不应越俎代庖地替上司作出所谓"正确决策"，而是要用引导、试探、征询意见的方式，向上司讲明其决策、意见本身与实际情况不相符合，使其在参考你所提出建议资料信息后，水到渠成地说出你想要说的正确决策。

戴尔·卡耐基曾经说过："如果你仅仅提出建议，而让别人自己去得出结论，让他觉得这个想法是他自己的，这样不更聪明吗？"许多实践也表明，人们对于自己得出的看法，往往比别人强加给他的看法更加坚信不疑。因此，一个聪明的下属，要想改变上司的（错误）看法，甚至使自己的看法变成上司的想法，应只做好引导工作，提出建议、提供资料，有关结论最好留给上司自己去下。

2. 人前赞美，人后批评

上司也喜欢听赞美的话，尤其喜欢当众听到赞美的话；相反，批评的话要背人说，这样能够维护上司的威信，对下属自身也会产生好的影响。

人前赞美，人后批评，似乎有阳奉阴违之嫌，让人不禁怀疑其效果。其实，大可不必在乎表面形式的欠妥。试想，如果当众让上司丢面子，或事后对同事谈论上司的错误，并用嘲弄的口吻四处传播，那就能证明一个人"表里如一"、"实事求是"了？非也，那样做只会给上司、（下属）个人和单位带来负面影响，损失更大。

3. 变指责为提醒

有的上司领导惯于把下属呈报的文件撂在一边，既不翻阅，也不签字；当有关单位追索时，他不承认自己疏于批阅，反而责怪下属——为什么不将文件送给他，为什么不提醒他。这自然是非常令下属气愤的，因为明摆着上司在诿过于人。

对于这种过错，聪明的下属会把指责的话变成日常提醒之言。这样做的结果，不仅可以保证工作如期完成，也保留了上司的自尊，还增加了下属在上司心目中的分量，一举三得。

与领导谈事，要把握好时机

无论你是因公还是因私去找领导谈话，都要注意你说话时的方式、态度和时机。作为领导，每天要考虑的事情当然很多，他们也许根本没有时间听你谈与工作无关的事情。但是，员工除了工作之外，有时因为一些私事不得不去找领导。因此，为了让领导重视你说的话，你一定要把握好恰当的时机。

某食品厂的一位职员想请假，他走进科长的办公室直接就对科长说："科长，我明天想休息一天，可以吗？"

虽然请假是员工的权利，但科长却问："为什么要请假？"

职员很坦白："有人约我去钓鱼。"

其实科长也是个钓鱼迷，但他还是拉下脸来说："为什么非要明天，等到周末不可以吗？"

职员最后说明约他的人是女友，女友周末不休息。科长这才勉强答应，但从此科长在心里对这个职员有了工作不认真负责的成见。

另一个职员有一次也想请假和女友约会，他想起了上次同事得到的教训，没有到办公室找科长。下班时他对科长说："科长，最近去滑雪了吗？我女朋友明天休息，约我去滑雪，科长愿意带太太和我们一起去吗？"

科长听完后一边笑一边说："啊，去滑雪，真让人向往啊，可惜明天不放假，我还是星期六去吧。不过，你是佳人有约，当然要去了，一会填一张假条吧，我准你的假。"

两位职员虽然都是向上级请假，前一个得到了不愉快的结果，后一个顺利且没有产生不好的影响。原因何在？就在于说话的场合。当科长埋头工作、忙得不可开交时，你请假去钓鱼，当然让上级恼火。而在下班时，工作已经结束了，科长正一身轻松地准备回家，此时委婉地请假肯定会得到理解的。

如果是要和领导谈公事，更应该把握进言的良机，因为这往往影响着自己能否升迁和加薪。特别是在领导主动征询意见的时候，如果有良策，更应该勇敢地提出来。只有向领导表达自己独特的见解和主张，才有可能获得领导的青睐，从而为自己获得重要的工作奠定基础。

某企业的老总在着手安排招聘事宜时，策划部的一名员工偶然碰到了他。这名员工率直地说："老总，看你招聘，我就想起自己当年来公司时的情景，那可是什么都不怕啊，特别渴望获得一种成就感。所以，我希望公司能消除员工的那种给人打工的感觉，公开地提出'与企业一起成长'的目标，使来应聘的每一个人都觉得有奔头，该多好啊！"

老总一听，眼前豁然一亮：这不是个好主意吗？立即对这名员工委以重任，让他到人事部参与招聘和面试工作，使他的才能得到进一步发挥。

在此需要提醒的是，只有在各方面都表现出色，才有可能获得领导的赏识，而自己的话也更容易被人接受。

处处炫耀，会让你在职场寸步难行

英国的查斯特菲尔德勋爵曾说："如果你想得到仇人，就表现得比你的朋友优越，如果你想要得到朋友，就要让你的朋友表现得比你优越。"因此，一个在职场上时时处处炫耀自己、永远把自己放在最高位置的人，绝不可能受到同事们的欢迎，也绝不会受到上司的赏识。

然而，许多人都由于虚荣心作祟，凡事好逞强，爱夸耀自己，并不管场合、时间，不管对方的心境如何，只要有表现自己"光辉历史"的机会，就绝不会放过。

客观地说，论技术和工作态度，小郑在公司的确是数一数二的，但公司每次进行人事调整或者加薪，小郑却总是"被人遗忘"。究其原因，就是因为他平时的言行"太张扬"，处处想显示自己的高人一等，总是有意或无意地打击同事，因此，尽管他有很好的专业技能和工作能力，却成了公司里最不受欢迎的人。

原来，每天午餐后休息，当同事们聚在一起聊天时，小郑总是这样说："我上大学时，整整四年学习成绩都是名列前茅，在实习时，还帮助公司的技术员攻克了一项技术难关。你们不知道吧，我父亲是一家上市公司的老总，不过我没有打算在他的庇护下过日子。这不，大学时我就选择了自己喜欢的专业，毕业后从事自己喜欢的工作。他老人家呀，能管住好几千员工，却管不住自己的独生儿子，你们说，这是不是叫一物降一物呢？……"

刚开始，小郑眉飞色舞地吹嘘自己时，同事们还应付地回应几声；到后来，只要他开口说与工作无关的事，大家都保持沉默，不再附和了。可是，喜欢自我陶醉的小郑还以为同事们不开口就是在津津有味地倾听呢。

一次，公司给研发部下达了一项任务，让他们在最短的时间内，开发出一种适合年轻女性减肥且对身体没有任何副作用的减肥饼干。接到任务后，小郑和另一名技术人员小周很快就忙开了。他们研究配方，进行功能性试验，做数据分析，在较短的时间内便开发出了新产品。这种减肥饼干投放到市场后，受到了消费者的一致好评。

在公司为此召开的庆功会上，小郑竟然得意地对大家说："这次产品开发的成功，其中最关键的配方都是我开发出来的，小周只是配合我的工作，做了一些数据分析的工作而已。"

小郑说完后，坐在前排的总经理的脸上已经显出了不快的神色，同事们都沉默着，然而处于兴奋之中的小郑全然不觉，仍然在不停地炫耀自己如何出色……

我们可以想象，如果小郑不学会自我反省，不懂得把荣耀和功劳让一点给同事，那么即使他的工作技能再强，公司也不会长久地留用他。因为一个时时处处炫耀自己、永远把自己放在最高位置的员工，绝不可能受到同事们的欢迎，也绝不会得到上司的赏识。

作为一名职场人，如果你想在办公室里获得好的人际关系，那么一定要让你的同事表现得比你更优越。让同事表现得比自己优越，是与同事搞好关系的关键。如果你时时强调自己过去的成绩，你的人气指数只会不断下降。

Part12
巧言妙语，和谐家庭幸福多

　　俗话说，家和万事兴。在家庭中，虽然我们每天面对的都是自己的亲人，但说话的时候也不能太过随意。在与家人交流时，对父母要多一些尊重和关爱，对爱人要宽容和理解，对孩子要多一些关怀和照顾。这样一来，婆媳关系、翁婿关系都会很融洽；夫妻关系也会越来越密切；亲子关系也会越来越亲近。

甜言蜜语升温爱情

已经走进婚姻殿堂的人，到底是不是一个称职的丈夫或妻子呢？我们经常听到女人会这样抱怨："我把心都掏出来给他了，他怎么能这样对我呢？"也经常会听到男人抱怨："她怎么总是在外人面前一点面子不给我留呢？"其实，女人爱男人，看重的往往是男人对自己好不好，而男人爱女人，看重的却常常是这个女人可不可爱。

而且，并不是只有女人才需要甜言蜜语，很多男人有时更喜欢听到甜言蜜语，毕竟男人也有柔情的一面！无论对男人还是女人来说，甜言蜜语在生活中都是必不可少的，它能令你们的爱情迅速升温，使你们幸福一生。

梅和宇是分隔两地的新婚夫妻。还处在热恋之中的两个人，本来就是"一日不见，如隔三秋"，暂时的分离对他们来说确实是一件痛苦的事情。所以，每天甜言蜜语的"电话粥"是生活中的必须。看下面的一段对话：

梅：你在做什么呢？

宇：给你打电话啊！

梅：我知道，想不想我啊？

宇：当然想了，时时刻刻都想！

梅：你不是在骗我吧？

宇：没有啊，我想你想得睡不着觉！

梅：我也想你！

　　宇：别这样。亲爱的，我很快就要回去看你了，别太想我啊！保重身体！

　　梅：亲爱的，你也要注意身体啊！

　　会说话人经常会在家里制造一些充满爱意的幽默，营造愉快的家庭氛围，使家庭时刻充满着欢声笑语。

　　一对夫妻因为一点小事逗闷子。丈夫赌气不吃饭，坐在一边看电视，也不搭理妻子。幽默的妻子一看，微笑地哄着丈夫说道："生气的人老得可快啊！愁一愁白了头，你想弄个老夫少妻吗？"丈夫被妻子的几句话逗笑了。妻子接着说："这就对了，笑一笑十年少，笑十笑老来俏！"丈夫的怨气顿时被抛到了九霄云外，俏皮地说："哼，贫嘴，再说当心我休了你！"两个人的心里都是美滋滋的。

　　不要小看了这些鸡毛蒜皮的小事，稍有不慎，婚姻的堤坝就会倒塌、崩溃。如果掌握了其中的微妙变化，或许就会让夫妻关系更融洽，何乐而不为呢？也许你会问，到底该怎样说甜言蜜语呢？

　　1. 把指责变成提醒

　　苏格拉底说，男人活着靠健忘，女人活着全靠牢记。男人通常会把芝麻小事忘得干干净净，这就会引起女人的极度不满。男人忘掉的往往正是女人在意的。结婚纪念日是一生最重要的日子，怎么能忘记呢？我的生日在结婚前他怎么不忘？是不是结婚后就忽视我的存在呢？此时女人的联想力超强，常因此与男人争吵不休，着实让很多男人头疼。男人们非常纳闷，难道就没有比记忆这些小事更重要的事情做吗？男人如果和女人一样的话，那还是男人吗？

所以，大多数时候，男人只是忘性大，不是因为他不在乎你，所以作为妻子，不要因为这种事而生闷气，其实把指现变成提醒就可以了。提醒比埋怨他产生的效果要好得多。即使他真的忘记了，下次一定会补偿你。而你无端的指责或痛斥，只能让你们的关系变得更糟。你不但得不到他的呵护，还被气得肚子鼓鼓，这又何苦呢?

2. 对不起，我错了

古印地安有句劝世语："不要批评人，除非你穿着他的鞋子走了一里路。"以对方的观点去审视冲突本身，以对方的视角看问题，你会发现对方这样做有充足的理由。如果这样想，你的怨恨就会减少。如果战争爆发后，要学会妥协，坚持原则问题，小事让步，受益的是两个人。

夫妻之间的伤害、敌视，如果不从小处修补，就会变成大的裂痕。如果无意伤害对方，就该心怀宽容。会说话的人应该这样做：进行一次倾心的交谈、一句真诚的道歉、一个温柔的抚摸，都可以吹散矛盾的阴霾。

3. 我们都有自由

"亲爱的，我也有秘密，有个人自由。"你听过这段话吗?你对另一半而言，并不是一本翻开的书，什么都坦言会令你筋疲力尽。

大家都是成年人，没必要把对方当作孩子来挑战思维空间。只有这样，你才能掌控自己的命运和生活，正所谓，你有你的社交，我有我的追求。

女人不要整天围着老公和孩子转，还要有自己的爱好，读书、美容、健身、会友、听音乐，这样的女人更有魅力，男人也会更爱你。

男人也一样，不要做宅男，要有自己的社交生活，但同时要记住一点，外出跟朋友、兄弟相聚时，不要忘记告诉妻子一声，当然，如果能带着妻子一同去参加聚会，那么你们的感情就会越来越好。

甜言蜜语并不一定都挂上"爱"字，真诚、关切、关怀、祝福、鼓励的语言同样饱含深深的爱意，都是双方愿意听到的。所以，会说话的人记得在爱人生日的时候送上一份小小的礼物或者一束鲜花，并附上一张小小的卡片，写满想对爱人表达的感激之情和祝福之意，这样的爱情能不永远灿烂如花吗？

没有沟通，畅通无阻不太可能

夫妻之间的感情交流犹如呼吸对于生命的重要。即使再繁忙的夫妻也要尽量找到促膝谈心的时间，可以说几句贴心话，可以说说新闻热点、娱乐资讯，也可以随心地聊天。不管是哪种形式，这种交流一定会为双方的感情锦上添花。

丈夫关强特别喜欢看球赛，而且是逢球必看、奉陪到底，而妻子小玉更愿意安静地坐在一旁，一边织毛衣，一边听丈夫大喊大叫，并把关强的嗜好笑称"小孩子的把戏"。后来两个人认识到，夫妻之间需要加深理解，妻子要进一步理解丈夫的嗜好，丈夫则应帮助妻子加深理解。于是，在吃过晚饭后为了能一起观看球赛，关强尽管非常厌烦刷洗碗筷，但他总会走进厨房帮妻子收拾，然后两个人坐在一起边看边谈球赛。

当然，这只是生活中一个毫不起眼的细节，他们不但解决了矛盾，而且分享了快乐，共同驱散了笼罩在其婚姻上的阴霾。再看看另一对夫妻各执己见的争执。

结婚纪念日快到了，小美和小民想用一场旅行来给这个纪念日留下美好的回忆。

小美想到夏威夷去度假，一想到那里丰盛的美味、豪华舒适的宾馆、尽情潇洒的娱乐场所和美丽迷人的自然风光，她的心头便涌来一股激情。可是小民对此却并不感兴趣。因为他工作很忙，而且一周最少有三天要在外应酬，从早吃到晚，舞厅酒家对他来说一点都不稀罕。豪华宾馆在小民眼里跟他的办公大楼没有任何差别，他更需要一个充满教育意义和文化的旅行，到意大利开始一段随心所欲的旅程。

意见不合，两个人为此吵了起来，而且吵架的程度越来越猛烈，距离假期越近，他们之间的矛盾也越尖锐。他们就这样唇枪舌剑地你争我斗，这其中包含一些面子因素，双方更是相持不下。他们不是你要求来，我要求去，就是你必须在什么条件下让步，我只能在什么条件下妥协。口头辩论成了他们饭后讨论的焦点，而且他们似乎有些陶醉，忘记了双方的利益、需求和共同点在哪里。

各持己见地进行争执的结果就是两败俱伤，因为他们找不到双方的共同点，没想过只要各让一步，就能海阔天空。其实，他们完全可以把力量用在协调上，想出一个大家都能接受的方案就可以了。

为使夫妻的感情沟通畅通无阻，更有意义地进行思想交流，会说话的女人选择在生活的各个方面与丈夫求大同、存小异，力求缩短彼此之间的心理距离。如果妻子与丈夫在子女教育的问题上存在分歧，妻子主张以"爱"为主，丈夫主张以"严"为主，但在"必须对孩子进行教育而不能放任自流"这个大是大非的问题上，双方应该意见一致。这样做不仅有益于子女的健康成长，而且有助于夫妻关系的协调发展。

女人，别做"河东狮"

在现实社会中，由于受传统观念的影响，中国人往往赋予男人极高的期望值——男人要肩负起"兴国富家"的重任，而这个重任增强了他们的自尊感和成就欲，形成了他们爱面子的秉性。

男人对妻子有个不高的要求，在家里他可以得"妻管严"，可以成"床头跪（柜）"，但在外人面前妻子必须表现出应有的尊重。这种爱面子的虚荣心，男人都有，个中道理非常简单：如果一个男人被人知道在家里抬不起头，在外面也只有做奴隶的资格。男人对付河东狮吼的女人往往皱眉头疼，可是为了面子，摆脱尴尬，男人会说："好男不跟女斗，男人不和女人一般见识。"

反观女人虽然爱面子，但不至于像男人那样委屈自己。女人可以流泪，可以在心爱的人面前撒撒娇，男人就会给予安慰或鼓励，而男人就不能这样了，那会使他们感觉很没面子。当然，自尊心对女人来说同等重要，男女应该平等，但在情感上，男人恐怕比女人脆弱得多。假如男人有一次失败或者一次失败的婚姻，估计有极少的男人能很快地从阴影中走出来。而女人，虽外表柔弱，但内心坚强，在感情失利问题上，比男人更容易摆脱。

所以，一定要尊重男人。对待男人要有底线，要考虑他们的心理习惯和女人不一样。男人爱面子，男人不容易认错，男人更注重自身的评价，男人更娇嫩。即使男人在家里是"妻管严"、"床头跪（柜）"，但在外人面前女人一定要表现出对他的尊重，毕竟男人能够满足自尊心的地方太少了，女人若不给以照顾，实在是太残忍了。

一桌十几个人的晚宴上，在上了不到两道菜的时候，一位太太就在敬酒寒暄的时候，脱口对邻座的一位太太说："还是你老公能干啊，我老公一个月的收入还不到你老公的一半啊！"当时坐在一旁的先生听到老婆如此直言不讳，脸色立即大变。为了不使场面太尴尬，先生马上起身说道："我的车子暂停在路旁，有被拖走的可能，我去停一下车，一会儿回来。"先生说完就离席了，当然是一走了之，停车只不过是一个离开的借口而已。

如果你的老公在外面跟朋友吃饭很久都没有回家，你非常担心，一定会打电话催他抓紧回来。如果他说："老婆，我正和哥们儿喝酒呢，等会儿回家！"

此时千万不能发火，因为也许老公的哥们儿正在听你们的谈话呢。会说话的女人这样说："知道了，老公！我正担心你呢，回来时一定要小心啊，注意安全！无论多晚，我都等你回来啊！"

如果你这样说，这样的话一定会在朋友面前为老公赚足了面子，也许他挂了电话就会向朋友炫耀说："我老婆什么事都听我的，我说一她都不敢说二。"

也许回到家后，你的老公会说："谢谢老婆，今天给我面子。"如果他嘴上不说，但在心里一定很感激你。

面子问题可不能小瞧，尤其是男人更要面子。在现代社会中，恋人或夫妻经常会一起参加社交活动。在这时，女人一定要注意，千万不要仗着他爱你，你就颐指气使，对他大发雷霆，使他陷入尴尬。会说话的女人尽量做陪衬红花的绿叶，他会因此感激你而更爱你。

唠叨，潜伏在婚姻里的杀手

唠叨是夫妻之间的感情杀手，而唠叨又偏偏是许多已婚女性每天随身携带的"必需品"，这一点让很多男人都头疼不已。那么，为什么已婚女人总是喜欢唠叨呢？这是因为，女人在结婚前大多对婚后生活、夫妻关系等充满一定程度的幻想和期望，但这些幻想和期待往往都有些不切实际。所以，当结了婚之后，他们就会发现想象婚姻生活和事实的差别非常悬殊，于是她们就会产生强烈的失落感，为了排遣心中的不满，唠叨便开始了。

何康是一位大学老师，结婚已经八年了，深深体会了一个女人的改变。他平时喜欢写写文章，投稿到各家报纸杂志，然而妻子的唠叨声总是不绝于耳，自己最渴望的宁静就这样被打破了。他被弄得心烦意乱，提笔想写的热情被这样的唠叨声浇灭了。

后来，何康终于想出了一个好办法。妻子不爱早起，他就早早地爬起来，悄悄地溜到书房进行创作。那是他一天中最快乐的时光，静静地沉浸在自己的世界里享受创作的乐趣，无人打扰。他每天都默默地祈祷，让妻子再多睡一会儿吧。

可是，还没等他打完 500 个字，卧室里就传来了妻子的唠叨："就这样起早贪黑地写，能写出什么惊天动地的作品啊？"他的不满也爆发了，生气地说道："能不这样打击我吗？少说一句不行吗？你的唠叨声早晚会把我折磨死的……"说着就关掉电脑，拎起背包逃之夭夭了。

有人说："唠叨是一种病，说明你不懂得宽容，没有自制能力和心理承受力，一股脑地把烦恼和不满倒给别人完事。"女人的唠叨真是太可怕了，多数时候女人的唠叨都是不受男人欢迎的，甚至是深恶痛绝的。所以，停止唠叨，别让男人一辈子都生活在你的唠叨声中了，那样他一定会有崩溃的一天。如果你因为对丈夫的不满才不停地唠叨，那么看在你还爱他的份上，不要再用唠叨伤害他了。记住：唠叨是婚姻的杀手、爱情的坟墓！

因为男人有不同于女性的处理问题的方式，在面对重重压力下，他们更愿意选择独处或保持距离，加上女人的指责伤害了他的自尊心，所以，为了逃避唠叨和争执，男人常常选择躲到角落里抽烟或者喝酒。会说话的女人从不唠唠叨叨地没完没了，她们往往会采取正确的方式提出不同的意见。

丽梅的丈夫常常对她不够尊重，有时甚至在朋友面前使她难堪。大多数时候，丽梅都会给丈夫留点面子，隐忍不发，但事后一定会狠发牢骚。丈夫的这个毛病一直没改，后来，丽梅改变了态度，再遇到这种情况时，她会冷静而坚决地对丈夫说："你不应该说这种没有礼貌的、侮辱人的话，这会令我的朋友们不安的。如果你对我有什么意见的话，咱们回家好好沟通。"如果丈夫仍然不改变态度的话，丽梅会就会接着说："我已经提醒你不要这样无礼了，我不想在朋友面前跟你争吵，但我对你的行为表示强烈的不满，我回家去了，以后再谈。"

丽梅通过明确表态的方式抗议丈夫的不良行为，最终丈夫做出了一定的改变。

既然唠叨不能解决问题，那就不忍正式提出意见，表达自己的不满。向爱人正式提出意见是为了让对方能够明确知道自己的不满，从而引起对方注意，然后进行改正。而唠叨则是宣泄情绪的一种方式，不仅对解决问题毫无帮助，而且会让对方产生厌烦情绪。

想拥有幸福美满的婚姻吗？那就赶快闭上唠叨的嘴吧！

恰到好处地说"废话"

人与人的交谈中总有一些废话：陌生人见面时要说一些礼节性的客套话；朋友好久不见总会寒暄一番；批评的话总要委婉地说出来……这些看似无关紧要的"废话"却是人际关系中不可或缺的工具，会说话的人经常在婚姻关系中使用它。比如，丈夫正准备出门上班，细心温柔的妻子反复叮嘱："别忘记拿钱包和钥匙"，又比如，妻子出门，体贴的丈夫说："今天预报有雨，别忘了带上雨伞。"如果这时候即将出门的丈夫或妻子不耐烦地说一句："真啰嗦，年纪轻轻就这么磨磨唧唧。"试问，说出这些关心的话的妻子或丈夫心理该作何感受呢？心情自然不会好。

一天，小芬回到家时已经很晚了，刚一进门丈夫劈头盖脸就是一句："怎么这么晚才回来？"小芬原本是因为在单位加班才回来晚的，工作了一天，本已经筋疲力尽了，只想回家好好歇一歇，可没想到一进家门就被这样质问，心里特别不舒服，于是便生气地说："我回来晚了关你什么事？"丈夫也不示弱："你是我老婆，难道我没权力过问吗？"

确实，如果把丈夫的话单拿出来分析，没有不对的地方，他想知道妻子晚回来的原因，这里包含着对妻子的关心。但问题究竟出在哪里呢？让我们看一下，如果在这些话中加一些无关紧要的"废话"，会有什么不同吗？

丈夫说："小芬，你怎么才回来，我等你好半天了，今天怎么比平时

晚这么多呀？"如果丈夫能这样说，那么妻子自然会说出回来晚的原因了。同样是询问晚归的原因，加上几句"废话"收到的效果就大不相同了，使人感到温馨而亲切。

同样，如果丈夫比较直接的话已经说出了口，妻子回答的时候加上几句"废话"也能避免争吵。

这种似乎无关紧要的"废话"，用术语来说称作"冗余度"。处在热恋之中的恋人，需要许许多多这种冗余的话，一言一语、一举一动都能体现出只有对方才能感受到的温情。然而随着时间的流逝，婚后的夫妻生活对这种冗余度的需求减少了，从个人的感觉来说，已是夫妻，再说那些"废话"让人难为情了。夫妻之间事务性的"正经话"越来越多，含情脉脉的"废话"变得越来越少。时间久了，双方都会感到若有所失，渐渐产生了"婚姻是爱情的坟墓"的感觉。

需要指出的是，注意从恋爱到结婚以及家庭生活的不同阶段中对语言交往冗余度要求的变化，有助于夫妻之间保持亲密融洽的关系。

如果夫妻一方有了过失并已认识到的时候，对方不但不能有过多的冗余，而且要比平时更简略些。假设丈夫丢了钱包，妻子听后，只是简单地说："丢就丢了，不过你稀里糊涂的坏习惯必须得改改了。"这样说既批评了丈夫，又对他充满了理解和信赖，充分体现了对他的尊重。丈夫自己也在懊恼和反省，只要轻轻一点，就能引起他的重视了。

常常听到一些妻子这样说："我老公倒是很听话，你让他买什么就买什么，让他做什么就做什么，但总感觉他不爱理我，老实得像块木头似的，对我没话可说，让我感觉很失落。"其实，许多妻子的内心都期待着丈夫除了讲一些最"实用"的话之外，再多说些温存的"废话"，这种"废话"更能让女人们感到温暖。当然，如果女人们也能恰如其分地说些"废话"，那么男人们也不会总是感到厌烦了。

舌头多抹蜜，家庭更和睦

在家庭生活中，婆媳关系是一对特殊的矛盾。要处理好这对矛盾，儿媳妇有责任。那么怎样才能做个讨人喜欢的儿媳妇呢？你首先应该在说话上下功夫。

军和媛夫妻二人平时住在单位，每逢周末回婆婆家。军是家里的独生子，婆婆非常宠爱他，时常挂念儿子。由于旧有的观念，婆婆认为家务事就是女人的活儿，女人照顾男人天经地义。

一个周末小两口又回去了，婆婆当着媛的面说，一周不见小军又瘦了，是不是在家做了很多家务活，还是工作太累了。军不知道如何回答。婆婆明摆着是责怪媛没有尽到照顾丈夫的责任。面对婆婆的无理责问，媛并没有着急为自己辩解，而是接过婆婆的话说道："妈，这段时间我单位总是加班，没有好好照顾军，都是我不好。从明天开始，我多给他做些有营养的饭菜，这样要不了多久他就能胖起来了，您就放心吧，妈！"

一个星期又过去了，小两口又回去了。媛拉着婆婆的手说："妈，这一周我可没少给他做肉，五花肉、红烧鱼、炖排骨，顿顿都有肉，而且每天早上都有牛奶和鸡蛋，但他好像还是没胖起来。妈妈，您有什么更好的办法吗？"婆婆被儿媳妇的话感动了，赶紧说："他就是这样，吃啥都不胖，遗传的原因，你看他爸不就瘦得像只猴子。"说完，全家人都捧腹大

笑起来。

面对婆婆的无理责怪，媛并没有据理力争，而是主动承认自己照顾得不够，从而避免了婆媳矛盾的激化。

俗话说："孝敬父母是天赐的福。"不仅要孝顺自己的父母，更要孝顺公婆，把公婆当作自己的第二父母。有些儿媳，跟自己的父母总有说不完的话，而面对公婆时却无话可说，之间总像隔了一堵墙似的。会说话的女人不仅从心里尊重公婆，而且在言语上关心公婆，会主动亲热地在公婆耳边吹"甜"风。

多叫几声"妈"。儿媳妇的一声"妈"，能给公婆带来无限的温暖和幸福。跟公婆分居的儿媳，大多是走进婆家门时叫一声"妈"，出门辞别时说一声"妈，我走了"，这两声"妈"貌似彬彬有礼，实则亲热度不够。如果能把聊天和称呼交织在一起，谈话气氛就会好多了。儿媳如果这样说："这几天大风降温，空气污染又很严重，妈，您尽量少出门，如果出去的话一定多穿点啊！"婆婆的心里一定是暖暖的。

与公婆多交流。现代社会的老年人社会交际的机会很少，每天把自己禁锢在一个狭小的范围里，基本都过着养尊处优的生活，但他们也希望能了解一些门外的新鲜事。会说话的儿媳很愿意给他们讲讲，谈谈社会新闻、街头巷议、时尚流行、影视图书资讯等等，让公婆沉浸在轻松愉悦的氛围中。

与之相对应的，男人在面对妻子的父母与他们沟通时，也要学着嘴甜一点，尊重一点，这是讨好他们的最好方式，同时也是促进夫妻感情的不二法则。

这样说话，孩子离你更近

如何与自己的孩子畅通无阻地沟通交流，从而走进并呵护孩子的心灵，是每一个做父母的人都非常关注的问题，也是现今社会环境中的一个棘手问题。

沟通不是父母控制孩子的手段，而是维系亲子关系的自然纽带，掌握了这条纽带你便无须通过控制对孩子施加影响，使孩子主动地对你敞开心门。在孩子的每个成长阶段，他们都需要父母的关心和理解，而这需要父母与他们进行真诚的互动和沟通。如果他们听到言不由衷、不连贯、虚伪或信任度很低的语言时，他们心里可能会产生逆反情绪。因此，在与孩子交流时，会说话的妈妈一定要站在孩子的角度，真诚地了解孩子的真实想法，这样你才能对他们因材施教，帮助孩子健康成长。

有一天，4岁的小可不知道什么原因独自蹲在角落里哭。爸爸哄了她关天也不管用，于是便吓唬她说："如果你再哭，我就把你一个人留在这里了。"结果小可不但没有停止哭泣，哭声反而更大了。爸爸接着吓唬她说："再哭，我就真走了。"说完快步走到一扇门后面藏了起来。本以为这样可以止住小可的哭声，没想到她哭得越来越厉害，声音都有些变了，而且嘴里边哭还边喊着："爸爸，别走，爸爸，别走。"

爸爸决定狠心到底，一直藏在门后没出来。小可哭了一会之后，看见爸爸还是没出现，虽然止住了哭声，但人明显已经吓呆了。

　　面对孩子的哭闹，很多父母总是不知所措，只会口头训斥孩子，制止他的哭闹，最后甚至变成了恐吓，却没有想过孩子为什么哭，没想过问问孩子。正是因为家长不重视与孩子的正确沟通，才导致了很多任性而性格怪癖的孩子出现。

　　其实，对孩子来说，你越是采取更普通的方式对孩子表达自己的想法，而且语调温和、充满爱意，他们就越感到舒适，越能掌握你和他之间的共同语言和文化，你们之间的交流才能更顺畅。

　　在孩子的成长阶段，你可以在任何问题上发表自己的意见，但不要指望自己的意见不会遭到质疑。你可以把自己从孩提时代就想当然的事情重新考虑一遍，要分享这些感觉，帮助你的孩子理解这些感觉，相信孩子能重视这些感觉——即使现在做不到，以后也一定要争取做到。

　　与孩子沟通时，即使是最慈爱、最体贴的父母有时也会说出不该说的话。人类的交流无一是完美的。无论你觉得与孩子之间相处得多么融洽，适当的沟通都是必要的。人类的语言是一部奇妙的机器，能使人产生相似的思维，但它并不是完美无缺的。除非我们能做到专心致志地倾听，否则就会在偶尔的走神中形成一些浅薄的认识，并以父母的威严毫无道理地发泄出来对孩子造成伤害。

　　当然，做父母的也不必为自己对子女说的每一句话担心。根据儿童心理学家卡利可所说："父母亲每天都说上千句话，在十八年中说了千百万句。"偶尔说上一两句不该说的话，并不是不可挽救的大灾难。但是经常地循环说这些话就会对孩子造成伤害了，这是一种错误的沟通模式。

　　会说话的父母从不这样说：

　　1."看看你哥哥多听话！"

　　和其他孩子相比较固然可以说明你希望孩子怎样做，但却不是鼓励孩子的良方。心理分析家李斯特说，孩子的自尊不应基于外在因素，而应发自内在。比如孩子在学溜冰时，是否是好选手并不是由"我只摔了两次，而他摔了三次"来判断，而是由"我跌倒后还要爬起来再溜"。

2．"马上给我擦干眼泪！"

很多父母看到孩子哭时都会忍不住这样说，但这样做其实是在说："闭嘴！我不想和你沟通。"你告诉孩子的信息是：你只能忍耐他的情绪发泄到某一程度。其实，你应该给孩子一点时间平复心情，让他回到房里发泄一下，或者抱抱他、安慰他。

3．"没什么好生气的。没什么好哭的。"

这样的言辞看起来好像是鼓励孩子，实则否定了孩子的情绪，传达的信息是：他的情绪并不存在或者是不该表达的。

4．"你总是／总不"

这种全面否定式的言语，除了只能发泄你的情绪之外，毫无用处。孩子们需要给他改变的空间，而不要用这种泛泛的言语限制他。

5．"如果你不这么做，警察就会来抓你！"

父母应该向孩子解释为什么该做这件事，而非假借外力来恐吓。

6．"下次再让我看到你这样，我就……"

结果不外乎恫吓或惩罚。其实，孩子心里明白妈妈绝不会这样做，威胁恐吓是管教孩子最没用的一种手段。专家的建议是：如果你不会这么做，就千万别这样说。

7．"你是世界上最棒的……"

虽然母亲想用这种夸张的赞美鼓励孩子，但这种做法常常带有弊端，让孩子认为你在愚弄他。过度的赞美有时就是漠不关心的表示，想要随便打发孩子走开。所以，你需要清楚地指出细节，和他谈论他到底棒在哪里。

8．"再玩5分钟。"

跟孩子讨价还价会导致更多的讨价还价，不必多久，你的孩子就会成

为一个谈判高手，不是不断地再讲一个故事，就是不断地"再玩5分钟"，所以，你一定得保持坚定的态度。

作为父母，我们没有必要为已经出口的话烦忧，但一定要注意自己的说话方式了。如果你发现自己经常与孩子讨价还价或者虚言恫吓，就应该检讨这种方式是否需要调整改变。那么，我们应该怎样做呢？为了加强与孩子的沟通，收到良好的教育效果，父母应努力改变与孩子沟通的技巧，需要做到以下几点：

1. 要认识到，父母与孩子之间出现沟通的困境是正常的

今天的许多孩子可以一边看电视，一边听音乐，再一边写作业，因为他从小就在一个拥有各种各样家电的家庭环境中长大，所以产生了这种多点接收的习惯和技能。这样的系统刺激远比单纯的语言符号刺激要强烈得多、有效得多，所以家长如果固步自封，还用原来自己受教育的模式来教育孩子，必然不可能引起孩子的兴趣，相反甚至在孩子的眼里，家长都成了厌烦的符号了；另一方面，层出不穷的高科技产品深刻地影响着孩子的生活环境和思维习惯。今天的孩子具有接受超前意识的能力，比如对于性知识的认识，家长可能在教育孩子的时候难以启齿，而实际上孩子可能已经懂了很多。沟通的困境是每位家长必须正视的现实前提。

2. 注意改进与孩子沟通的方式方法

很多家长对于沟通问题的认识往往存在误区，就是认为只要家长说的话孩子听了，这就是沟通。家长由于自己成长年代的各种限制，使他们教育自己孩子的语言和思维非常贫乏。例如：有个孩子抱怨地说自己的母亲每天只会说这样几句话。早晨说："快点儿快点儿，要不上学就迟到了"；第二句是："早餐尽量多吃点儿，要不没到中午就饿了"；第三句是："过马路要小心看着点儿车"；第四句话是："放学回家先写作业，不写完不能看电视啊！"这样日复一日地说，孩子自然而然地会感到厌烦，结果可能事与愿违。所以，作为家长应该注意与孩子沟通的方式方法，学会设计问题，用问话的方式与孩子沟通，尽量不要用陈述句，而要尽可能让孩子自己说。"问"在今天是一种高级的交流形式，父母的提问也应该具有很强的技巧性，家长应该在这方面加强自身修养。

3. 沟通的问题要具体化

很多家长有一种习惯就是语重心长，但说出的话又特别空洞。比如："你一定要努力学习啊！"这种语言表达对今天的孩子来说是无效的，也是无益的。因为这些话缺乏明显的可操作性，作为孩子基本把握不住，反而容易在心理上给孩子造成紧张焦虑。积极的方式是要以一种具体的问话，通过鼓励的方式循序渐进地与孩子沟通，这样比较容易调动孩子的积极性，而且能够把握住孩子思考、行动的方向。将孩子的行动目标分成许多的小台阶，每一步都具体而又比较容易地能够达到目标，让他们每一步都能体会到成功和成长的乐趣。